日本のSDGs

それってほんとにサステナブル？

高橋真樹

Takahashi Masaki

大月書店

ミックス
責任ある木質資源を
使用した紙
FSC® C009309

この製品はFSC®森林認証紙を使用しています。FSC®認証は、適切な森林管理を普及するための国際的な認証制度です。

はじめに――モヤモヤする、日本のSDGs

「SDGsって、なんだかモヤモヤする……」

それが、筆者がこの本を書きはじめた動機だ。本書に興味を持ってくれた方なら、SDGs《エスディージーズ》については知っていることだろう。ごく簡単に説明すると、SDGsとは「持続可能な開発目標（Sustainable Development Goals）」の略で、国連に加盟する国々が2015年に合意した、世界を持続可能にするために達成すべき17のゴール（大きな目標）と、それを実現するための169のターゲット（より細かい目標と手段）である。各ゴールの内容は「貧困をなくそう」「ジェンダー平等の実現」「気候変動対策を」などで、達成期限は2030年までと定められている。

そのSDGsになぜモヤモヤするのかといえば、日本のSDGsをめぐる状況への違和感があるからだ。日本ではいまや、買い物に行っても電車に乗っても、SDGsのロゴマークを見ない日はない。企業のホームページにSDGsのロゴマークをかかげるのは当たり前で、ビジネスマンたちは襟元に誇らしげにSDGsバッジを付けている（一部では「オジサンバッジ」と呼ばれているらしい）。

そのため、国際会議などで外国の識者から、「日本ではこんなにＳＤＧｓが浸透しているのか！」と感動されることがあるという。

ところが、たとえばＳＤＧｓ推進本部を設立し普及の旗振り役をしている日本政府は、ＳＤＧｓのコンセプトとは真逆の政策を行うことがある。あるいは、ＳＤＧｓのロゴマークを大々的にかかげて社会貢献をＰＲしている企業が、不祥事を起こし問題になったりしている。もちろんＳＤＧｓが広まることによって良くなっている面もある。けれど、いままで企業がしてきた「いいことをしているアピール」と、どう違うのかがわからないという人も多いはずだ。

背景には、ＳＤＧｓそのものが少々わかりにくい面があることも関係している。取り上げるテーマは世界中のありとあらゆる問題で、あまりに幅広い。また、１９３のすべての国連加盟国が賛同したものだけに、あいまいな記述も残り、かならずしも問題に対する具体的な解決策を提示しているわけではない。各国の妥協の産物という側面は、たとえばＬＧＢＴＱと呼ばれる性的マイノリティの権利などが言及されていないことにも表れている。さらに、各国や地域の事情に合わせて書かれてはいないので、ＳＤＧｓの本質を現場の実情に当てはめて読み取り、自分たちの課題に落とし込んでいく必要がある。それがけっこう難しい。大きな目標としては誰もが賛同する内容であっても、何を優先し、どんな対処をするかという具体的な内容では、立場や読み取り方によってまるで変わってしまうからだ。これが日本政府や企業による**「なんちゃってＳＤＧｓ」**を許すことにもつながっている。

こんなことを言うのは、筆者がひねくれ者だからだろうか？　でも、周囲に聞くと、実は同じようなモヤモヤを感じている人が大勢いた。この本は、筆者自身の疑問も含め、そんなモヤモヤを少しでもスッキリさせたいと思ってまとめたものだ。

他方で、ＳＤＧｓを全否定する人たちもいる。たとえば日本の産業界の一部には、「ＳＤＧｓは欧州の産業界がビジネスでリードするために、新しいルールを日本に押しつけるためのツールだ」という意見がある。もちろん、欧州の産業界だって理想論だけで動いているわけではない。でも、ＳＤＧｓができたルーツをたどれば、それは間違いだとわかる。古い常識にしがみつき、新しいチャレンジを拒む言いわけとしてＳＤＧｓを批判するのはやめたほうがいい。また、社会活動家の側からも、「ＳＤＧｓは企業の宣伝のための都合のいいツール」だとか「政府のアリバイ作りのようなもの」だという批判もある。現実にそのように使われてしまっている面があることは確かだが、批判されている内容はＳＤＧｓの本質とは言えない。

ＳＤＧｓを適切に扱えば、社会課題の解決に役に立つ。人類は、まぎれもなく史上最大の危機を迎えている。安っぽい映画のキャッチコピーのようだが、残念ながら本当の話だ。本書の取材を始めた２０２０年２月、猛威をふるい始めた新型コロナウイルスのパンデミックは、１年を経たいまも収束が見えないままだ。新型コロナの発生と拡大は、人間の環境破壊や経済活動と深く関係している。また、執筆を始めた夏には、激しい気象災害が立て続けに日本列島を襲った。冬に入ると突発的な豪雪が各地で被害をもたらした。年々激化する異常気象の背景には、温室効果ガスの排出などを要因とした気候変動の悪化がある。産業革命以降、人類の活動が地球の生態系や環境にあまりに甚大な悪影響をもたらすようになったことで、これまでとは異なる地質年代「人新世《じんしんせい》（アントロポセン）」が提唱されるまでになっている。

でも映画と違って、ヒーローが助けに来てくれるわけではない。こうした危機にどう対処すればいいのか？　その指針となるのがSDGsだ。SDGsの正式名称は「我々の世界を変革する――持続可能な開発のための2030アジェンダ」という。要するに、**「いまの持続不可能な世界を変えなきゃいけない」**という宣言である。そこには関係のない人など一人もいない。SDGsの達成期限は2030年。残り10年となったいま、あらためてSDGsとは何かを読み解き、社会のあり方を見つめ直し、一刻も早い実践に移ることが求められている。この本で、そのためのヒントを提供できれば幸いだ。

SDGsは世界中の問題を取り上げていて、とてもこの一冊でカバーしきれるものではない。そのため、本書では「日本のSDGs」に焦点を当てて、取り組むべき方向性を示している。具体的には、SDGsが誕生した経緯とその価値について（1章）、日本のSDGsをめぐる状況について

（2章）、ＳＤＧｓで読み解く日本社会の八つの論点（3章）、社会課題に立ち向かう七つの実践例（4章）という構成になっている。また、各章の合間には、全体のまとめも兼ねて3人のスペシャリストへのインタビューを収録した。なおインタビューでは、その後の章に登場する内容にもふれている。各インタビューと各章の内容を総合的に眺めてもらうことで、ＳＤＧｓがいかに相互につながっているかを認識できるはずだ。

ＳＤＧｓは非常に幅広い分野を扱うものだけに、筆者一人の力では本書を完成させることはできなかった。執筆にあたり、それぞれの分野の専門家の方たちに貴重なご協力、ご助言をいただいている。この場を借りて深く感謝したい。

❖人新世……２０００年にドイツ人の大気化学者であるパウル・クルッツェンによって発案された、「人類の時代」という意味の新しい地質年代区分。従来の「完新世」の次の時代区分とされる。まだ正式な地質年代として承認されているわけではないが、さまざまな分野で新しい概念として使用されている。

日本のSDGs［目次］

2章 これでいいのか？ 日本のSDGs 47

3章　日本とSDGs 八つの論点　89

SDGs

1章

SDGsは何をめざしているのか?

ＳＤＧｓは遠い？

ＳＤＧｓ（持続可能な開発目標）は「我々の世界を変革する」とか「貧困や飢餓を撲滅する」といった壮大な目標をかかげている。大事なことはわかるけれど、身近ではないし、とっつきにくい……というのが本音ではないだろうか。でも、ＳＤＧｓをめぐる話は、日本で暮らす私たちにとって決して「遠い話」ではない。普段の暮らしで何を買うのか、何を食べるのか、そして身近な困難をどう乗り越えていくかといったことが、すべてＳＤＧｓとかかわってくる。

たとえば、日本の住宅団地をめぐる状況を考えてみたい。都市部を中心に全国に３０００以上ある大規模な団地のほとんどは、高度成長時代に急増したもので、入居者の年齢は一斉に高齢化している。コミュニティ活動が続けられず、孤立した独居老人が増加、貧困におちいったり孤独死することもめずらしくない。建物を含めたインフラは老朽化し、空き家が増加。バスなどの公共交通機関が維持できなくなることで、新たな若年世帯は入居しにくくなり、施設の改修もままならないという負のスパイラルが起きている。

改善に向けて、政府や自治体、民間企業や住民組織などが、空室の活用や新たなコミュニティづくりなどの取り組みを個別に進めてはいるものの、総合的な解決策は見えてこない。もし、あなたがこの団地の住民だったら、もしくはこの街の首長だったら、何から始めるだろうか？

実は、いまの日本や世界の経済、社会、環境をめぐる状況はこの団地とよく似ている。複数の課題が知恵の輪のように絡みあい、どこから手をつければよいかわからない状態にある。そしてＳＤＧｓには、その知恵の輪を解くヒントがちりばめられている。団地再生の具体的な事例についてはこの章の最後にふれるとして、まずはＳＤＧｓが何を重視しているのか、なぜつくられたのかという側面から見ていきたい。

「持続可能」ってなんだ？

ＳＤＧｓのＳは「持続可能性（Sustainability）」のことだ。日本でも見かけるようになった「持続可能」や「サステナブル」といった言葉には、どのような意味があるのだろうか？　国連の定義では「将来の世代の欲求を満たしつつ、現在の世代の欲求を満足させること」となっている。[1]ちょっとわかりにくいので、言い換えてみると「**いまの世代のニーズを満たすことだけを優先して、将来世代の可能性を奪ってはならない**」ということになる。これは、地球の資源の利用などをめぐり、現役世代と次世代の子どもや若者、さらに今後生まれてくる世代とのあいだに不公平があってはならないことを意味する。また同時に、同じ世代内であっても、極端な格差などによって公平性が失われてはならないという意味も含まれるとされる。でも、人類が社会や地球に対してしてきたことは、これとは真逆のことだ。世代間はもちろん、同じ世代内でも公平性はまったく保たれてこなかった。

人類が地球環境に与える負荷を測る指標に「エコロジカル・フットプリント」というものがある。日本語では「人間活動が地球環境に残した足跡」である。地球の資源や生態系には回復能力があり、常に再生産されている。たとえば二酸化炭素（CO_2）を出しても森林が吸収したり、魚を獲ってもまた増えるといったかたちで、ある程度の変化は受けとめられるようになっている。ところが、地球が再生産できる能力を超えて負荷を与え続けると、資源の枯渇や環境危機につながってしまう。

世界全体では、年間にどれくらいの資源を消費しているのだろうか？　２０１９年時点では、地球が1年で再生産できる資源の１・７倍を消費している。先進国ではさらに多い。たとえば世界中の人々が日本人と同じ生活をしたら、２・８倍もの消費量となる。地球が再生産できる量を超えて人類が資源を消費するようになった時期は、およそ50年前から。それ以来、毎年のように資源の消費量は増加し続けている。

「地球の何倍の資源」と言われても、イメージがわきにくいかもしれない。そこで、エコロジカル・フットプリントを「チキュウ銀行」からローンを借りている「ジンルイさんという家族」の家計を測るものと考えてみたい。世帯月収が30万円ほどのジンルイさん一家は、プール付きの豪邸に暮らし、高級レストランで外食をくりかえすなど、毎月１００万円を支出し続けている。収支は大赤字なのに、その支出を50カ月も続けているため、お金を返せないどころか、将来世代への借金が雪だるま式に増えていく。それでも親は贅沢な暮らしを見直そうとせず、生まれたばかりの幼い子どもに借金を負わせようとしている。だが、いつまでもツケを後回しにすることはできない。ジンルイさん一家は、チキュウ銀行から**「もうツケはきかないよ！」**と突きつけられている状態にある。

❖1 「持続可能な開発」が国連で初めて定義されたのは、1987年のブルントラント委員会でのこと。「私たち共有の未来」と題された報告書で、「将来の世代の欲求（ニーズ）を満たしつつ、現在の世代の欲求を満足させる開発」と定義された。

世代間と世代内で広がる格差

地球の資源を浪費し続けた結果として、立て続けに起きているのが自然環境の激変や異常事態の発生だ。一例を挙げると、2020年夏の北半球の気温は観測史上もっとも高温となった。北極海の氷の量は年々急激に減少し、2035年には氷がなくなる可能性があると報告された。世界中で野生の動植物が急激に減少しており、少なくとも約100万種の動植物が絶滅の危機にあるという。こうしたニュースが毎日のように伝えられている。そしてこれらはすべて、人間の活動が原因と考えられている。

さらに新型コロナのパンデミックである。新型コロナはＳＡＲＳなどと同じく、野生動物を起源とする新しい感染症だが、新しく生まれたウイルスではない。長いあいだ特定の野生動物だけに棲み着いていたものが、自然破壊や気候変動などにより、人間と接触する機会が増えて流行した。

さらに、グローバル化により世界中で人やモノが移動をくりかえすことで急速に拡散した。ウイルス専門家の多くは、たとえ今回のパンデミックが収まっても、いまの経済・社会体制が続くかぎり、新たなウイルスは次々とあらわれると警告している。こうした自然破壊と動物由来感染症との関係性は、国連環境計画（ＵＮＥＰ）をはじめとする複数の国際機関も指摘し、あらゆる政策決定に「人、動物、環境」の健康を一体のものととらえる「ワンヘルス（OneHealth）」という考え方を導入する必要性をかかげている。人類の活動は、明らかに地球の限界を超えてしまっている。

「これ以上先延ばしにできない」と声をあげているのは、地球だけではない。ツケを回される次世代からもあがっている。スウェーデンの少女グレタ・トゥーンベリさんが、自国政府の気候変動対策が不十分として、たった一人で始めた学校ストライキが、またたく間に世界中の若者たちのあいだに広まったのもそのあらわれだ。２０１９年9月には、世界１５０カ国の５０００カ所で行われたグローバル気候マーチに、４００万人を超える人々が集まった。若者たちは「地球にスペアはない！」「私たちの未来を燃やさないで！」とのプラカードをかかげ、危機感の薄い大人たちに警鐘を鳴らした。

世代間の不公平を象徴するかのように、若い世代はＳＤＧｓへの関心が高い傾向にある。環境意識が決して高くはない日本でも、ＳＤＧｓ認知度アンケートで男女ともに10代、20代の若年層がトップだった。[2] 若者たちは、ツケを回される自分たち自身の問題だととらえている。

世代間だけではなく、同じ世代内の格差も深刻になっている。極端な貧困状態（絶対的貧困）とされる人々は、世界人口のおよそ10％にあたる7億人以上にのぼる。[3] また、世界人口の55％が社会保障を利用できない状況にある（２０１８年時点）。貧困状態では教育を受けにくくなり、医療や社会保障、インターネットなどの基本的なサービスにもアクセスしにくい。また、劣悪な環境でも働かざるをえないことが多く、暴力にもさらされやすい。そして、紛争や災害が起きたり、感染症が広がると真っ先に過酷な状況に追い込まれる。

そうした貧困と格差もまた、現代の社会・経済システムが生み出したものだ。各国内の貧富の格差は驚異的なペースで開き続けている。世界の富裕層26人の富の合計は、世界人口の約半数（38億人）の富の合計と同じである（２０１９年）。

現在の経済・社会システムの中でつくられた差別や不平等、貧困や飢餓などは「構造的暴力」[4]と呼ばれる。構造的暴力を解消するためには、食糧配給などの対症療法だけではまったく不十分で、社会構造を根本から変革する必要がある。世界の大胆な転換を求めるＳＤＧｓがつくられた背景には、あまりにバランスが悪くなったこの世界のいびつな現実がある。

❖2　男性トップは10代が56％、女性トップは20代で32％。電通「ＳＤＧｓに関する生活アンケート調査（２０２０年）」より。

❖3　１日１・９ドル未満の収入しかない人の数。２０１８年に世界銀行などにより発表された、２０１５年の数値。

❖4　構造的暴力……ノルウェーの平和学者であるヨハン・ガルトゥング氏が提唱した考え方。平和は戦争などの直接的暴力がない状態だけを指すのではなく、貧困などの構造的な暴力のない状態（積極的平和）を意味するというもの。

ＳＤＧｓの17ゴールと「五つのＰ」

ＳＤＧｓの17ゴールを見てみよう。それぞれの内容は密接に関連しているが、大きなカテゴリーとしては「**五つのＰ**」として分類されている。「五つのＰ」とは、**People**（人間）、**Prosperity**（繁栄）、**Planet**（地球）、**Peace**（平和）、そして**Partnership**（パートナーシップ）だ。

People（人間）

1・貧困をなくそう
2・飢餓をゼロに
3・すべての人に健康と福祉を

4・質の高い教育をみんなに
5・ジェンダー平等を実現しよう
6・安全な水とトイレを世界中に

People（人間）のカテゴリーに入るのは、主に「貧困」に関連するゴール1から6までになる。後で説明するように、ＳＤＧｓの前身となるＭＤＧｓ（国連ミレニアム開発目標）にも含まれていた内容でもある。

Prosperity（繁栄）

7・エネルギーをみんなにそしてクリーンに
8・働きがいも経済成長も
9・産業と技術革新の基盤をつくろう
10・人や国の不平等をなくそう
11・住み続けられるまちづくりを

Prosperity（繁栄）は、主に「持続可能な経済」にかかわるゴール7から11までだ。エネルギーやインフラ、イノベーションなど、これまで経済分野のものとしてのみ考えられてきたキーワードが「持続可能」の枠組みで位置づけられるようになった。

Planet（地球）

12・つくる責任つかう責任
13・気候変動に具体的な対策を
14・海の豊かさを守ろう
15・陸の豊かさも守ろう

Planet（地球）は、地球環境にかかわるゴール12から15までだ。なお、気候変動（ゴール13）と生物多様性（ゴール14、15）については、国連でそれぞれ「気候変動枠組条約」と「生物多様性条約」が定められ、その内容が優先されるようになっている。

Peace（平和）

16・平和と公正をすべての人に

Peace（平和）はゴール16である。ここで重要なことは、先に述べた構造的暴力の解消だ。直接的暴力はもちろんだが、さらに「司法のアクセス」「透明性の高い行政」「決定への市民参加」などによって、構造的暴力をなくすことが求められる。

Partnership（パートナーシップ）

17・パートナーシップで目標を達成しよう

最後のPartnership（パートナーシップ）はゴール17だ。SDGs達成のために、行政や企業、市民社会といったセクター間の枠組みを越えて協力することに加え、不利な状況に置かれている途上国を、先進国が公正なかたちでサポートするしくみを整えることが求められている。

Planet（地球）

12｜つくる責任つかう責任

持続可能な消費・生産形態を確実にする

13｜気候変動に具体的な対策を

気候変動とその影響に立ち向かうため、緊急対策を実施する

14｜海の豊かさを守ろう

持続可能な開発のために、海洋や海洋資源を保全し持続可能な形で利用する

15｜陸の豊かさも守ろう

陸の生態系を保護・回復するとともに、持続可能な利用を推進し、持続可能な森林管理を行い、砂漠化を食い止め、土地劣化を阻止・回復し、生物多様性の損失を止める

Peace（平和）

16｜平和と公正をすべての人に

持続可能な開発のための平和でだれをも受け入れる社会を促進し、すべての人々が司法を利用できるようにし、あらゆるレベルにおいて効果的で説明責任がありだれも排除しないしくみを構築する

Partnership（パートナーシップ）

17｜パートナーシップで目標を達成しよう

実施手段を強化し、「持続可能な開発のためのグローバル・パートナーシップ」を活性化する

★1 エンパワーメント：一人ひとりが、みずからの意思で決定をし、状況を変革していく力を身につけること。
★2 レジリエンス：回復力、立ち直る力、復元力、耐性、しなやかな強さなどを意味する。「レジリエント」はその形容詞。

（出典）ロゴ：国連広報センター／各ゴールの日本語訳：「SDGsとターゲット新訳」制作委員会
右図：日本ユニセフ協会ウェブサイトより

People（人間）

1｜貧困をなくそう

あらゆる場所で、あらゆる形態の貧困を終わらせる

2｜飢餓をゼロに

飢餓を終わらせ、食料の安定確保と栄養状態の改善を実現し、持続可能な農業を促進する

3｜すべての人に健康と福祉を

あらゆる年齢のすべての人々の健康的な生活を確実にし、福祉を推進する

4｜質の高い教育をみんなに

すべての人々に、だれもが受けられる公平で質の高い教育を提供し、生涯学習の機会を促進する

5｜ジェンダー平等を実現しよう

ジェンダー平等を達成し、すべての女性・少女のエンパワーメント(★1)を行う

6｜安全な水とトイレを世界中に

すべての人々が水と衛生施設を利用できるようにし、持続可能な水・衛生管理を確実にする

Prosperity（繁栄）

7｜エネルギーをみんなにそしてクリーンに

すべての人々が、手頃な価格で信頼性の高い持続可能で現代的なエネルギーを利用できるようにする

8｜働きがいも経済成長も

すべての人々にとって、持続的でだれも排除しない持続可能な経済成長、完全かつ生産的な雇用、働きがいのある人間らしい仕事(ディーセントワーク)を促進する

9｜産業と技術革新の基盤をつくろう

レジリエント(★2)なインフラを構築し、だれもが参画できる持続可能な産業化を促進し、イノベーションを推進する

10｜人や国の不平等をなくそう

国内および各国間の不平等を減らす

11｜住み続けられるまちづくりを

都市や人間の居住地をだれも排除せず安全かつレジリエントで持続可能にする

「トランスフォーム」と「誰一人取り残さない」

ＳＤＧｓには、二つの大きなコンセプトがある。**「トランスフォーム」**と**「誰一人取り残さない」**だ。ＳＤＧｓの正式名称は「我々の世界を変革する――持続可能な開発のための２０３０アジェンダ」という。つまり、「持続不可能な、いまの世界を変えなくてはいけない」との宣言になっている。

大切なのは、どう変えるのかだ。日本語の「変化」「変革」には、いままでの延長線上の改善なども含まれるが、英語の「トランスフォーム（transform）」はそれとは異なる。**「すっかり形が変わってしまうほど変える」**ことで、抜本的な大転換を求めるものだ。自動車の燃料を例にすれば、「変革」であればハイブリッドカーを大幅に増やしてガソリン消費量を削減すれば達成できる。でも「トランスフォーム」は違う。まずガソリン車の販売を禁止して電気自動車（ＥＶ）に切り替える。また、ＥＶの動力源となる電気は、化石燃料からではなく再生可能エネルギー由来のものにする。同時に、公共交通の充実や自転車道の整備をすすめ、自動車に依存しないしくみを整える。それがトランスフォームだ。筆者は、国連がこのような宣言をすることは、現在の危機に対する認識のあらわれであると同時に、すごいことだと考えている。自分たちがつくってきた世界が、まったくうまくいっていないことを率直に認め、本格的な変革を世界に求めているからだ。

もうひとつのコンセプトは「誰一人取り残さない」だ。大転換を起こすときに社会的弱者や少数派が排除されたり、不利益を被ることがあってはならない。いままでの世界では、経済発展を求めて大規模な開発などを行う際、多くの人々を犠牲にしてきた面がある。たとえば安い衣服をつくるため、多くのアパレルブランドは下請け企業を通じて途上国の人々を働かせてきた。先進国の消費者は良い服を安く買えて、企業も儲かる。でも、その代償を途上国の人々が支払わされるのは不公平だ。2013年には、バングラデシュで欧米向け衣料品をつくる縫製工場の入ったビルが倒壊、1000人以上が亡くなった。犠牲者の多くは、工場で働く若い女性たちだった。いままでは、ツケが回される現場との距離は遠く、先進国の一般の人々は、見ようとしなければ見ないで済んでいた。しかし、SDGsはこのような関係をなくすべきだと言う。

大転換を成し遂げつつ、誰一人取り残さないことはとても困難なことだ。でも、これまでの中途半端なやり方では、いまの社会の危機を救うことはできない。「トランスフォーム」と「誰一人取り残さない」という二つのコンセプトは「持続可能な開発のための2030アジェンダ」の前文に登場する。前文は「このアジェンダは、人間、地球及び繁栄のための行動計画である」という一文から始まり、次のように続く。**「我々は、世界を持続的かつ強靭（レジリエント）な道筋に移行させるために緊急に必要な、大胆かつ変革的な手段をとることに決意している。我々はこの共同の旅路に乗り出すにあたり、誰一人取り残さないことを誓う」**。ここには、なんとしても未来を変えるという、国連の力強い意志が示されている。

ＳＤＧｓのルーツは古くて新しい

短い前文の中には、貧困という言葉が三度も登場する。貧困対策を重視する理由は、ＳＤＧｓの前身がＭＤＧｓ（国連ミレニアム開発目標 Millennium Development Goals）だからだ。２０００年に採択されたＭＤＧｓは、２０１５年までに世界から貧困や飢餓をなくすことなど、八つの目標の実現をめざした国際合意である。その取り組みにより、飢餓や極度の貧困に苦しむ人々の割合を大幅に減らすという成果を得た。他方で、地域間格差が大きくなったり、先進国の中で格差が広がるという新しい課題とも向きあうことになった。

ＭＤＧｓは主に政府間で合意され、基本的には途上国を支援する内容だったことから、日本ではあまり話題にならなかった。先進国の多くの人々にとっては「かわいそうな貧しい人たちを救う」プロジェクトととらえられ、自分ごとにならなかったからだ。

ＭＤＧｓが期限を迎え、２０１５年に新たに採択されたＳＤＧｓには、ＭＤＧｓで解決できなかった目標が引き継がれた。そのため、ＳＤＧｓの前半のゴールは貧困や飢餓の撲滅など、ＭＤＧｓと同様の内容が中心となった。しかし、ＳＤＧｓのゴールがＭＤＧｓの倍以上（8から17）に増えていることからわかるように、たんにＭＤＧｓを引き継いだものというわけではない。

ＳＤＧｓには、半世紀以上前から提言されてきた、もうひとつのルーツがある。世界経済が右肩

表１　SDGs採択までに国連で開催された関連の会議や採択された条約等（一部）

1947年	世界人権宣言採択
1966年	国際人権規約採択
1979年	女子差別撤廃条約採択
1987年	「我ら共有の未来」（環境と開発に関する世界委員会）
1992年	環境開発会議（＝リオ地球サミット／生物多様性条約採択、気候変動枠組条約採択）
1995年	世界女性会議
1996年	人間居住会議
2000年	世界教育フォーラム ミレニアム開発サミット（MDGs採択）
2006年	障害者権利条約採択
2010年	生物多様性条約第10回締約国会議（名古屋議定書採択）
2014年	持続可能な開発のための教育（ESD）に関するユネスコ世界会議
2015年	持続可能な開発のための2030アジェンダ（SDGs）採択 気候変動枠組条約第21回締約国会議（パリ協定採択） 第３回国連防災世界会議（仙台防災枠組採択）

上がりで成長していた１９７０年代初頭、ローマ・クラブという有識者グループ[5]による『成長の限界』というレポートが世界に衝撃を与えた。それは、地球の物理的な限界を無視したかたちで行われている人類の経済活動がこのまま続けば、数十年以内に持続不可能になるとの警告だった。

レポートでは、破局を回避するために「地球環境や資源は無限に消費できる」としてきたこれまでの経済活動の前提を見直し、バランスを保つ必要があると指摘された。だが、その後の世界は人口の急拡大や資源の乱獲、環境汚染や気候変動の悪化など、このレポートの予測した通りに進んでいる。つまり、いま起きている地球規模の危機のほとんどは、新しいものではなく、すでに

50年前から予測されていたものということになる。

人類の経済活動と地球環境の限界を取り上げたこのレポートは、国連でも大きく注目された。とくに1990年前後からは、地球規模で起きるさまざまな課題に対処するため、開発のあり方をはじめ、人権や環境などをめぐる国際会議が次々と開催されていく（表1）。中でも92年にブラジルのリオデジャネイロで行われた「地球サミット」は、当時のほぼすべての国連加盟国に加え、NGOなど市民社会が本格的に参加したことで国際的な話題となった。気候変動についての国際的な枠組み（気候変動枠組条約）も、この会議から始まっている。

毎年のように行われる気候変動、生物多様性、貧困や教育、ジェンダー平等などをテーマとした専門的な会議では、集まった専門家が何年にもわたり議論をくりかえし、めざすべき方向性を固め、いくつもの条約が採択された。でも、地球規模の課題はほとんど解決できなかった。なぜなら、それぞれの専門分野ごとにバラバラに課題に挑んでいたからだ。

冒頭の団地の例で紹介したように、いま日本や世界で起きている課題は、ひとつの分野の対策だけでは解決の道筋が見えなくなっている。だからこそ、これまでの数十年の国際会議や条約の流れを受け、その集大成として成立したSDGsには、17のゴールと169のターゲットという、たくさんの課題や向きあい方が詰め込まれるものとなった。

つまり、**SDGsに書かれている内容は、なんら新しいものではない。50年前から人類に出され**

ていた古い宿題のおさらいという面がある。 ＳＤＧｓの「新しさ」は、分野ごとに分けるのではなく、あらゆる分野が組みあわさった問題としてとらえ直すことで、統合的な解決をめざしていく点にある。

❖5　ローマ・クラブ……1970年にスイスに設立された民間組織で、科学者、経済学者、教育者、経営者などによって構成されている。1968年にローマで初の会合を持ったことからこの名がついた。

「縦のつながり」と「横のつながり」

ＳＤＧｓには、これまでの国際条約にはなかった大きな特徴が三つある。ひとつめは**「縦のつながり」と「横のつながり」**が明確に意識されていることだ。まず、経済、社会、環境の3分野が初めて一体のものとされた。これを縦のつながりと呼ぶ。これまで、それぞれの課題が別々の枠組みで議論されてきたことはすでにふれた。とくに経済分野は、民間企業が利益追求を優先することが当たり前とされ、環境や社会への配慮は重視されてこなかった。しかし、そうした態度が環境や格差の問題を深刻化させてきたことは明らかだ。そのためＳＤＧｓでは、経済優先の思考を転換することが求められている。

次に、17あるゴールがそれぞれバラバラではなく、お互いが密接につながっていることが意識され

図1　SDGsのウェディングケーキモデル

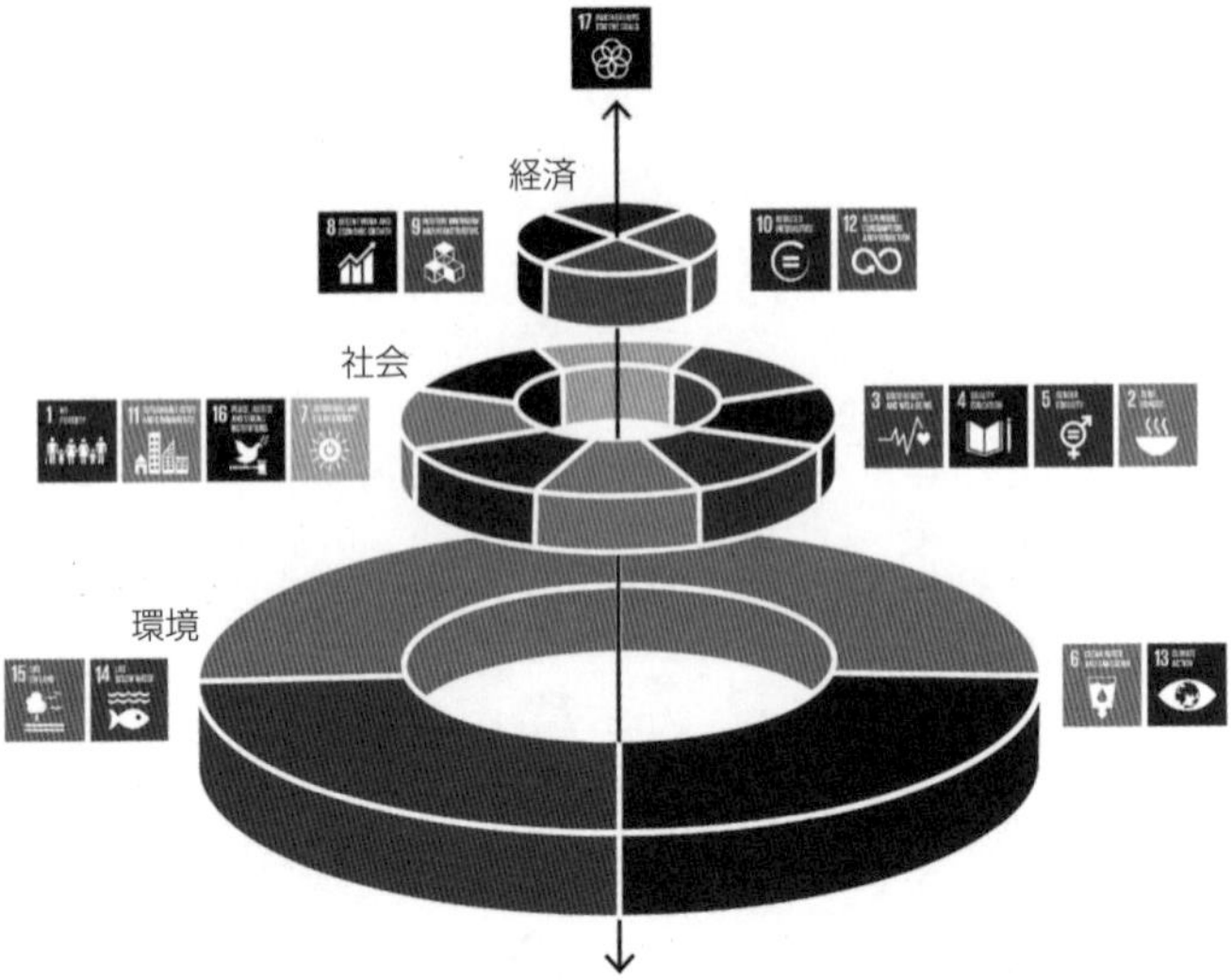

（出典）Azote Images for Stockholm Resilience Centre, Stockholm Uiversity.

た。これは横のつながりと呼ばれる。たとえば、ディーセントワーク（公正な仕事）が実現できなければ貧困状態におちいる人が増え、貧困が健康状態や子どもの教育にも悪影響を及ぼすといったふうに、どれかひとつがおかしくなると他にも影響が出る関係であると位置づけられた。

縦のつながりと横のつながりをあらわした図が「**SDGsのウェディングケーキモデル**」（図1）だ。一番下の土台の部分に環境があり、次に社会が来て、一番上に経済が載っている。それをつなぐのがパートナーシップである。このモデルは、経済だけを優先してケーキを高く積んだとしても、環境という土台が崩れれば、ひとたまりもなくなることを教えてくれる。気候変動が激化すると、経済活動も含めてすべての分野が深刻な被害を被るように、私たちは地球環境という制約の中でしか生きることができない。

地球環境が安定しているからこそ、社会生活や経済活動が成り立っている。そんな当たり前のことが、目先の経済活動で頭がいっぱいになると見えなくなりがちだ。**経済、社会、環境という3分野の縦のつながりと、それぞれのゴールの横のつながりという関係性が、SDGsの大きな特徴である。**

なお、経済的な観点から環境を評価する際に、欠かせない考え方がある。自然がもたらす経済価値は**「生態系サービス」**と呼ばれる。たとえば、近年まで経済的には役に立たないと考えられ、世界中で埋め立てられてきた湿地には、CO_2を吸収し、水質を浄化し、漁業資源を育て、自然災害の被害を減少させるといった数々の効果があり、それを金額に換算すると莫大な価値があることがわかってきた。また、嫌われもののハエやゴキブリといった生物も、廃棄物を処理して環境を浄化する重要な役割を果たしていることがわかっている。これまで自然環境は、こうした恵みをほぼ無償で人間に提供してくれていたことになる。

もちろん、経済的価値に換算できないからといって価値がないというわけではないが、経済的観点からだけで見ても、生物多様性や自然環境を保全することは人類にとって大きな利益になる。これまで人類はその価値に気づくことができず、環境破壊をともなう開発を続けたため、生態系サービスの力は年々激減してきた。コスタリカなど中米地域では、こうした生態系サービスの価値を認め、それを維持するために資金を投入する「生態系サービスへの支払い（＝生態系ペイメント）」のしくみを導入している。こうした動きを世界各地に広げる必要がある。

「途上国だけじゃない」「政府だけじゃない」

ＳＤＧｓの特徴の二つめは、**世界中すべての国、すべての人が当事者だというメッセージである**。途上国を主な対象にしていたＭＤＧｓでは先進国が当事者意識を持ちにくかったが、ＳＤＧｓでは先進国により大きな責任を負わせている。グローバル化した世界では、途上国で起きる貧困や人権侵害、生活環境の悪化などに、先進国の政策や経済活動が深くかかわっているからだ。また、エコロジカル・フットプリントの話でもわかるように、地球規模の環境問題の原因をつくってきたのは、先進国側の責任がより重い。あるいは、先進国の中でも貧富の格差は拡大し、相対的貧困（３章参照）の割合は増えている。そして、気候変動の影響に国境は関係ない。そうしたことから、世界中すべての国々が当事者意識を持たないと、解決できる問題が限られてしまう。

三つめの特徴は、**ＳＤＧｓは政府だけが決めたものではないことだ**。国連加盟国が合意したと聞くと、一般の人は「政府が勝手に決めたこと」と思うかもしれない。でも、ＳＤＧｓは政府関係者が秘密裏に交渉を進めるのではなく、オープンな場で、市民社会も含めた多様なステークホルダー（利害関係者）の声を反映してつくられた。それぞれの詳細を詰める部会では、女性、子どもと若者、先住民、NGO、地方自治体、産業界、労働者・労働組合、科学者、農業従事者といった、国家とは異なる九つのグループが参加した。❖6 多くの人がかかわればかかわるほど、合意には時間はかかる。SDGsは結果として3年以上の時間をかけて採択された。

とくに注目したいのは、策定に民間企業がかかわっていることだ。これまでの条約でも、NGOや科学者の声が反映されることはあった。しかし、多数の民間企業が積極的に参加した国際合意というのはめずらしい。グローバル経済の中で、企業活動が社会や地球環境に与えている影響はすさまじい。それだけに、企業の積極的なかかわりがなければ、SDGsが求める経済、社会、環境の転換は望めない。

❖6 その後、コミュニティ、ボランティアと財団、移民とその家族、高齢者と障害者といったステークホルダーも加えられている。

ビジネスのルールが変わった

ひと昔前なら、大企業のリーダーに環境危機を訴えても、真剣に扱われることは少なかっただろう。ＳＤＧｓでは、なぜこれまでの国際合意と異なり、企業が積極的にかかわったのか。背景には、持続不可能な世界をこのままにしておくと、企業の経済活動そのものが成り立たなくなるという危機感がある。

毎年スイスのダボスで、世界の政財界のリーダーが集まる会議（ダボス会議）が開催される。そこでは、世界経済に対するリスクを分析する報告書が発表されている。７５０人以上の政財界のリーダーからの回答をもとに２０２０年1月に発表されたレポートでは、「発生可能性の高いリスク」の上位5項目のすべて[❖7]が異常気象や気候変動などの環境関連となった。また「起きたときの影響力の大きさ」も、上位五つのうち四つが環境関連である。この傾向は10年ほど前から段階的に強まってきた。世界の財界のリーダーたちは、持続可能性をたんなる「社会貢献」としてではなく、ビジネスの中心的課題としてとらえるようになっている。

環境リスクや、貧困を含めた社会課題を拡大させてきた原因のひとつが企業の経済活動であることは間違いない。通常の企業活動は、コストを最小化し売上を最大化することで利益を伸ばそうとする。とくに四半期と呼ばれる3カ月ごとの収支報告をもっとも重要な指標とすることで、どうしても短期的な視点で経営を行いがちだ。短期的には、労働者を安く働かせたり、資源を不法に調達したりすることで利益は増える。しかし長期的に見れば、低賃金労働や不安定雇用によって人々の購買力が失われたり、資源が枯渇して価格が高騰するなど、企業が属する社会そのものを追いつめていく。だからこそ、環境や人権に配慮した企業活動を評価するしくみが必要とされるようになった。**ビジネスのルールを変えたしくみのひとつが、ESG投資だ。**

金融機関や投資家がどの企業に投資するかを選ぶ際、これまではその企業が儲かるかどうかだけが基準になっていた。対してESG投資は、**Environment＝環境、Social＝社会、Governance＝ガバナンス**の観点から、企業の持続可能性を評価する新しい基準である。なおガバナンスとは、組織の管理体制が公正に機能しているかどうかを意味し、透明性の確保や説明責任も含まれる。

ESG投資の具体的な内容は、環境への貢献や従業員への配慮、組織的不正の防止といった、これまでの投資判断では見過ごされてきたもので、SDGsとも深くリンクしている。ESG投資は、欧米ではすでに2000兆円を超える規模となり、もはやグローバル企業はこの基準を無視できなくなっている。ESG投資はビジネス界の新しいスタンダードである。

❖7　ダボス会議の「グローバルリスク報告書2020」で、発生可能性が高いリスクのトップ5は、1位から順に「異常気象」「気候変動の緩和・適応への失敗」「自然災害」「生物多様性の喪失」「人為的な環境災害」となっている。

コロナが変えた超格差社会の常識

ＳＤＧｓが採択されて5年が経った２０２０年、世界を新型コロナウイルスのパンデミックが襲った。コロナ禍は、格差をはじめとする世界の課題をあらためて浮き彫りにした。経済活動が縮小したことで、貧困に苦しむ人々が数億人レベルで増加。国連はＳＤＧｓのゴールが遠のいてしまうとの懸念を表明した。そんなときだからこそ、ＳＤＧｓの考え方に基づいた積極的な対策が各国に求められている。

変化は、超格差社会である米国でも起きつつある。行き過ぎた格差を是正し、医療や教育を誰もが低価格や無料で受けられる社会をめざすという主張に注目が集まっている。発信源の一人は、民主党の大統領予備選挙にも出馬したバーニー・サンダース上院議員である。そして彼を支持する人々は、富裕層が富を独占することに対して反対の声を挙げてきた。[8] サンダースは「社会主義者」を自認していることもあり、日本のメディアでは「過激な極左」などと紹介されることも多いが、サンダースが主張してきたことはＳＤＧｓそのものである。

サンダースの唱える社会主義は、旧ソ連や中国の一党独裁体制とはまるで違う。西欧や北欧の福祉国家が採用する「社会民主主義」をモデルとしている。サンダースは、40年前にバーモント州の小さな町で初めて政治家になったときから「誰一人取り残さない」方針を訴えてきた。しかしサン

2016年の大統領選で演説するバーニー・サンダース上院議員
(Lorie Shaull, CC BY-SA 4.0)

ダースの格差解消の主張は、これまでは米国全体での支持は得られなかった。ところが、急速な格差拡大とコロナ禍を受けて、「すべての人々をカバーする医療保険が必要だ」というサンダースの主張が説得力をもつようになった。

たとえば、会社勤めの労働者は企業の医療保険に守られてきたため、国民皆保険制度を必要としていなかった。ところが、コロナ禍で失業者が増え、企業の保護を受けられない層が激増したことで、医療制度改革の必要性が高まった。

富裕層の場合は自身の保険に困ることはない。しかし、買い物をしたりタクシーに乗るなど、低賃金の労働者と接触する機会をゼロにすることはできない。富裕層だけが治療を受けられるいまの医療システムでは、富裕層にとっても十分な安全が保てないことが認識されるようになった。

２０２０年末の大統領選挙で勝利した民主党のジョー・バイデン新大統領は、選挙に挑むにあたり、民主党でこれまでまったくの異端とされていたサンダースらのこうした主張の一部を自身の公約に取り入れた。それは、格差解消を求める人々の声が無視できないほど大きくなっていることを示している。バイデン大統領が就任後、そういった政策をどこまで実行できるかは未知数だが、コロナ危機のいまだからこそ、目を背けてきた社会の病理の根本にメスを入れる好機にできるかもしれない。ＳＤＧｓはそのための処方箋である。

❖8　たとえば、２０１１年に米国ニューヨークの金融の中心地であるウォール街を占拠するなどして、格差拡大に反対の声をあげたオキュパイ（占拠）運動に参加した若者などもサンダースの支持層を形成している。

「誰も見捨てない」ドイツの団地再生

これまで述べてきたことを踏まえて、１章の最後にＳＤＧｓの実践事例を見てみたい。冒頭の日本の団地と同じ、あるいはそれ以上に深刻な問題をかかえていたドイツの団地再生の動きだ。旧東ドイツ地域の行政と地域住民が協働してすすめるプロジェクトは、日本でも参考になるはずだ。

首都ベルリンの西隣にあるポツダム市。統一前は旧東ドイツに属し、現在は比較的裕福な住民が多く暮らす。その一角にある最貧困地区が、公営団地を中心に構成されるドレヴィッツ地区だ。１

980年代後半の旧東ドイツ時代に、東京ドーム約8個分の敷地につくられたこの巨大団地は、ドイツ統一後に富裕層や若者が離れたことで、母子家庭や高齢者が取り残された。家賃の安さから、移民出身者の割合も高い。約5500人の住民の多くは生活保護世帯を含む貧困層で、建物は老朽化し、周辺の治安も悪化していた。

とくに深刻なのは子どもたちへの影響だ。ドイツでは、発育状態や言語の習得状況によって小学校の入学年齢が異なる。ドレヴィッツでは、十分な食事を与えられていない子どもが多く、6歳になっても体の発達が不十分で小学校に入学できない子どもたちが3割もいた。ここはポツダム市民から「あそこはポツダムではない」と蔑《さげす》まれてきた、見捨てられた貧困地区となっていた。

この団地を大改修するプロジェクトが持ち上がったのは、2009年のことだ。ドイツ連邦政府が主催した「都市改修」コンペに、行政職員をしていた女性が、地区の再開発案を提案する。自身が旧東ドイツ出身である彼女は、以前から子どもたちの状況を改善したいと考えてきた。そして彼女のアイデアがコンペで入賞したことをきっかけに、行政や地元企業の話しあいが進み、最終的には建物や街区全体を大改修する事業へと広がっていく。

内容は、老朽化した建物の断熱改修や再生可能エネルギー設備の設置、駐車場の削減と公共交通の充実、街区の緑化といった総合的な都市整備である。資金は欧州連合（EU）やドイツ連邦政府からの助成のほか、ポツダム市やドイツの国営金融機関、そして地域で多数の建物を所有するポツダム住宅公社が出資することになった。

住民参加型の対話集会

ところが、現状を大きく変える開発に、住民から反対意見が噴出する。主な理由は、改修後に家賃が高くなり住めなくなるのではという不安と、駐車場が減って不便になるというものだった。実際、ドイツ各地では再開発の結果として家賃が高騰し、元の住民が住めなくなるエリアも出ていた。市と公社、住民が意見を述べあう対話集会は、年間60回以上にも及んだ。日本でも再開発にあたって公聴会が開催されるが、形だけのことが多く、住民の意見が十分に反映されるケースは少ない。だがドレヴィッツでは、「住民に何が必要かを聞く」「住民が望まないことはしない」という方針が徹底して貫かれた。

また、子どもたちの意見も大切にされた。そして「団地のそばには駐車場よりも公園が欲しい」という子どもたちの圧倒的な声を受けて、親たちは駐車場まで歩いてもいいのではと考えるようになっていった。ドレヴィッツでは、路面電車を中心に公共交通が充実していた。さらにレンタサイクルの増設や自転車道路の整備、カーシェアリング導入も決められた。最終的にエリアの一角に駐車場は設けられたが、こうした施策により大幅に不便になることはなく、現在はマイカー所有率も

リニューアルされたドレヴィッツの団地。奥は改修中の建物

低下している。

家賃については、平均収入以上の家庭では値上がりになるが、壁や窓を高断熱化することで冬の光熱費が半減、値上がり分が相殺された。また低所得の家庭は、安い家賃で住み続けられる補助金が出るので新たな負担はない。２０２０年末現在も工事は続いているが、改修された住宅には元の住民が７割ほど戻っている。

街に住むことが誇りに

２０１３年には中央通り沿いの公園が完成。そこに、子どもたちが考案したトランポリンなどのオリジナル遊具が並んだ。子どもたちがはしゃぐ姿に、大人たちは地域の生活環境の改善を実感したという。

毎年6月に行われる「音楽の祭日」で、フィルハーモニーの演奏をバックに子どもたちがダンスを披露（©Stefan Gloede）

子どもたちの教育環境も変わる。まずは地元NPOがファンドを集め、学校で子どもたちに無償で朝食を配布するようになった。小学校と同じ建物内には、コミュニティセンターと音楽ホールが新設された。これまで人が集まる場所や文化的施設がなかったため、住民からは歓迎された。コミュニティセンターは、住民が家庭や地域の悩みを相談したり、まちづくりを自分たちで進めるアイデアを持ち寄る場となった。設備の充実した音楽ホールでは、ポツダム市フィルハーモニーのメンバーが、無料の演奏会や子ども向けのワークショップを実施している。学校を中心にしてコミュニティが豊かになり、現在ではこの街に住むことを誇りに思うようになった人も少なくない。

プロジェクトには、国や市から多額の税金が投入されたが、結果として下がり続けていた地価は上昇に転じ、地域の経済価値は向上した。それにともなって地域外から入居する人も増えている。さらに、貧困の解消や環境改善は国全体の社会的コストの低減につながる。貧困地域では、生活保護など社会保障費が増大するうえ、治安も悪化しやすい。社会に見捨てられたと感じる若者が増えれば、犯罪の危険性も上がる。国や市が貧困地域の再生に取り組むことは、「見捨てられてはいない」と感じる人々を増やし、トラブルを未然に防止することにもなる。

市民の出したアイデアを反映させながら、まちづくりを進めるドレヴィッツの試み。重要なポイントは、団地にかかわるさまざまな課題に対して、ひとつの対策だけではなく、ハードとソフトを組み合わせて総合的な解決をめざしたことだ。街区の再開発に加え、住民の貧困や健康、教育やコミュニティづくりなどを同時に手がけるドレヴィッツのアプローチは、「トランスフォーム」と「誰一人取り残さない」をかかげるSDGsを体現している。そのアプローチは決して簡単なことではないが、かといってドイツにしかできないことではない。

ちなみに、このプロジェクトの関係者は誰も、SDGsをかかげていたわけではない。また筆者が見たかぎり、SDGsバッジをつけている人やホームページにロゴを使っていた組織はひとつもなかった。このことからもわかるように、SDGsを達成するために頑張るべきことは、アピール合戦ではない。**本質的な変化を生み出し、それを浸透させて現実を変えていくことだ**。こうした観点から次章では、現在の日本の、やや軽薄なSDGsブームに対する疑問を考えてみたい。

2章

これでいいのか？日本のSDGs

この章では、ＳＤＧｓをめぐる日本社会の現状と課題を、主に政府や大企業の実践を通して考える。評価の基準となるのは、１章で紹介したＳＤＧｓの本質である。どうしても批判的な話が多くなってしまうが、日本がこれからより持続可能な社会へ向かって踏み出すためには、まずは現実を踏まえ、改善すべきことを明確にしなければならない。

最初に、さまざまな国際調査で日本のＳＤＧｓの進捗《しんちょく》がどうなっているかを見ていこう。もっとも関連の深い「ＳＤＧｓ達成度ランキング２０２０」[1]では、日本は17位である。２０１７年の11位から徐々に順位を落としている。なお、１位から3位はスウェーデン、デンマーク、フィンランドといった北欧諸国が並ぶ。

日本の評価が高い分野は、「医療・保険（ゴール3）」「教育（4）」「産業・技術革新（9）」「平和と統治（16）」「経済成長と雇用（8）」などで、トップクラスの評価を受けている。日本は基本的なインフラがしっかりしているので、こうした途上国も含めた国際比較では総合点が高くなる傾向にある。治安が良く、ほぼ全員が初等教育を受けられ、医療面でも国民皆保険制度がある。コロナ前までは失業率も低かった。とはいえ、教育や労働などをめぐっては、国際指標にはあらわれにくい深刻な課題もある。そうした課題の一部は3章で取り上げている。

逆に厳しい評価となったのは、「ジェンダー平等（5）」「気候変動対策（13）」「海の豊かさ（14）」「陸の豊かさ（15）」「パートナーシップ（17）」の分野だ。また「不平等をなくす（10）」は、格差の拡大などもあって2年連続で悪化した。これらの指摘は重要で、とくにジェンダー平等は先進国の中で最低レベルにある。また、石炭火力発電を推進してきたことが、気候変動対策のマイナス要因となった。

次に、調査対象を主に先進国に絞ったＯＥＣＤ（経済協力開発機構）による「より良い暮らし指標」（図1）ではどうか。生活の幸福度を評価するこの調査は、ＧＤＰ（国内総生産）に代わる国民の豊かさを測る新たな指標として注目されていて、ＳＤＧｓの内容と重なる項目も多い。国際比較が行われた２０１７年度版では、日本は総合で40カ国中25位である。分野別では、やはり「教育」「安全」「雇用」「収入」の各分野が平均より高かった。しかし「仕事と生活のバランス」「（政府の決定への）市民参画」「主観的幸福（生活満足度）」は、上位の北欧諸国などと比較してきわめて低かった。

残念ながら、日本が人生の満足度や精神的な幸福を実感しにくい社会になっていることは、他の調査でもあらわれている。「世界幸福度調査２０２０」では、日本は１５６カ国中62位。「他者への寛容さ」がきわめて低いことが幸福度に影響していると指摘された。他者に寛容でない社会は、閉塞感や多様性のなさにも結びつく。

図１　「より良い暮らし指標 2020」における日本の幸福度

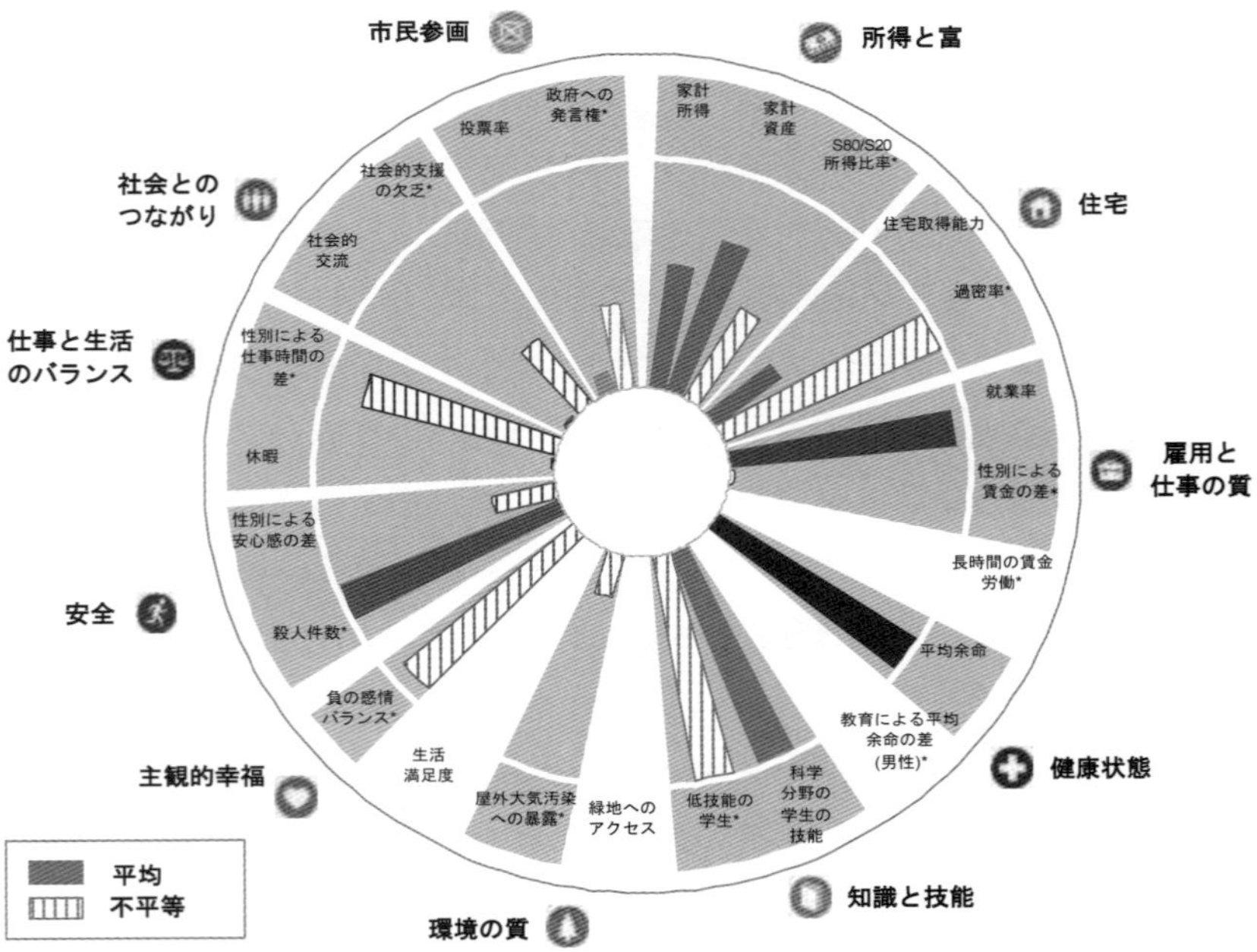

(注) このグラフは各幸福度指標について他のOECDメンバー国と比べた相対的な日本の強みと弱みを示している（2018年またはデータが利用可能な直近年)。線が長い項目ほど他国より優れている（幸福度が高い）ことを、線が短いほど劣っている（幸福度が低い）ことを示す（アスタリスク＊がつくネガティブな項目は反転スコア)。不平等（上位層と下位層のギャップや集団間の差異、「剝奪」閾値を下回る水準の人々など）はストライプで表示され、データがない場合は白く表示されている。
(出典) Azote Images for Stockholm Resilience Centre, Stockholm University.

「世界繁栄指数2019」[2]では、日本の総合順位は149カ国中19位となっている。しかし、地域社会での家族以外の人との信頼関係や結びつきを意味する「社会関係資本」がきわめて低かった（149カ国中132位）。さらに、ユニセフ（国連児童基金）が実施した「子どもの幸福度調査」では、先進38カ国中、日本は総合20位。健康面は1位だったが、精神的幸福度については、生活満足度の低さや若者の自殺率の高さなどから、最下位に近い37位だった。

こうした国際調査からわかることは、**現在の日本は経済的には比較的豊かなわりに、精神的な幸福を実感しにくい社会になっている**ことだ。社会的つながりやセーフティネットが希薄なため、悩みや苦しみを個人や家族だけで解決するしかない。そのため他者により厳しくなってしまうという悪循環が透けてくる。そのような課題を克服するためにも、ＳＤＧｓのかかげる「トランスフォーム」や「誰一人取り残さない」といったコンセプトの実践が、日本社会においても必要になってくる。

❖1　持続可能な開発ソリューション・ネットワーク（ＳＤＳＮ）とベルテルスマン財団が毎年公表する世界各国におけるＳＤＧｓの達成状況をまとめた報告書。

❖2　イギリスのレガタム研究所が公表する指標。

課題先進国ニッポン

国際調査からは見えにくい部分はどうか。急激な人口減少と高齢化をはじめとして、まだどの国も経験していない危機を迎えている日本は「課題先進国」などと呼ばれている。それは、先進国の中でもとくに持続可能性が低いことを意味する。

たとえば、2000年代以降は、相対的貧困家庭や子どもの貧困が徐々に増加、所得格差も年々開いている。貧困や格差のある程度の歯止めとなってきた医療・年金制度をはじめとする社会保障制度は、人口減少と高齢化により根幹が揺らいでいる。地方から都市部への人口流出は止まらず、数百もの地方自治体が存続の危機にさらされている。気候変動により災害が激甚化、影響を受ける地域や人々の数は桁違いに増加した。高度成長期に整備されたインフラの老朽化も懸念されている。税収増などで対応できた人口増加の時代とは異なり、補修や更新などの十分な対応ができなくなるおそれもある。

さらに、日本では一般的に「日本人」「男性」「異性愛者」といった単一の属性の人々が政治や経済の意思決定権を独占してきた。それは同時に、「外国人」「女性」「性的マイノリティ」「障害者」などの人々を排除してきたということでもある。多様な人々の声を反映することが大切な理由は、取り残される人々を減らすためだけではない。多様性が豊かな社会では、クリエイティブな発想や柔軟な適応力が生まれやすく、現在のような転換が求められる時代に不可欠な要素となるからだ。

しかし日本には、その力がきわめて乏しい。

政府や経済界は、株価やGDPなど目先の経済指標を重視し、国内の人口減少が進むなかで、海外からの観光客誘致や原発など重厚長大産業の輸出に活路を見出そうとしてきた。オリンピックや万博といった巨大イベントや、カジノを含む複合リゾート施設（IR）などの誘致もそのひとつである。しかし、そのような20世紀型の経済成長路線は、コロナ禍によって根底から見直しを迫られている。

日本政府の「SDGsアクションプラン」

日本政府のSDGsへの取り組みはどうなっているのか。政府は2016年に、内閣総理大臣を本部長、全閣僚を構成員とする「SDGs推進本部」を設置した。そして2017年には「SDGsアクションプラン」を策定している。[❖3] アクションプランでは、重点政策として①「ビジネスとイノベーション（ソサエティ5.0の推進）」②「地方創生」③「若者・女性の活躍推進」を3本柱に据えた。「ビジネスとイノベーション（ソサエティ5.0の推進）」についてはのちほどふれるとして、まずは「地方創生」と「女性活躍推進」について取り上げたい。

「地方創生」は、人口減少と高齢化をかかえた地方自治体の取り組みをサポートするものだ。政府は２０１８年から毎年、30カ所ほどの「ＳＤＧｓ未来都市」を選定、上限３０００万円の補助金を拠出するなど各自治体の取り組みを支援している。２０２０年12月現在、選定自治体は94となっている。また、地方創生のＳＤＧｓ関連予算は１２７本に及び、ほぼすべての省庁が関係している。

自治体によっては、こうした制度を活かして地域内外のさまざまな関係者らと協力、モデルとなるような先進的な政策を実施している。筆者が取材した地域でも、たとえば北海道下川町や岡山県西粟倉村《にしあわくらそん》などの森林資源を活用したまちづくりは、移住者の増加やベンチャー企業の設立などをもたらし、地域活性化に結びついている。

この地方創生にかかわる政府の政策は、他の取り組みに比べると比較的うまくいっているとは言える。しかし政府が本来行うべきことは、全国すべての地域を持続可能にする後押しをすることだ。そのためには、困っている自治体を手厚くサポートすることはもちろん、自立性を高めるための制度を設計するなど、自治体を取り巻くしくみそのものを変えなければならない。現在は、ＳＤＧｓ以前から取り組んでいる一部の先進的な自治体の成功事例を持ち上げることが主体となっているが、それだけでは「できる自治体」だけが生き残り、他の地域への広がりは限定されてしまう。より根本的な課題は、**政府が人口減少時代にどのような社会をつくるかという明確なビジョンに欠けていることだ**。右肩上がりに人口増加と経済成長が続くことを前提とした、古い発想に基づいた政策から抜け出すことが、足元から社会を変えていくカギとなるだろう。詳しくは4章末の田中信一郎さんへのインタビューでふれている。

「女性活躍推進」についてはどうか。政府は２０１６年に「女性活躍推進法」を制定した。これは、社会全体に女性の活躍が重要と認識させた点では一定の意味があったと評価されている。しかし、このテーマで国際社会から問われていることは、女性の社会進出の遅れへの対策である。具体的には、政治経済分野で決定権を持つリーダー、つまり政治家や企業の役員、管理職などに女性が圧倒的に少ないことだ。

政府は２００３年に「女性リーダーの割合を２０２０年までに30%にすること」をかかげた。しかし、17年後の２０２０年になっても衆議院議員や企業の管理職に占める女性の割合は10%程度で、政府は20年7月に目標を10年先送りにすることを発表した。もちろん、目標を達成できなかったことは政府だけの責任ではない。しかし、漠然とした努力目標だけでは、２０３０年になっても同じことをくりかえす可能性がある。このテーマをＳＤＧｓアクションプランの柱にするのであれば、目標を達成するために義務やペナルティを含めた具体的な計画を盛り込むことが欠かせない。[❖4] しかしＳＤＧｓアクションプランでは、そうした具体策が何も定められてない。それができない理由は、日本政府のＳＤＧｓへの向きあい方に根本的な問題があるからだ。

❖3　２０１６年には専門家やＮＰＯ、産業界や各種団体など外部の識者をメンバーに加えた「ＳＤＧｓ推進円卓会議」を設置。政府は、そこで決まった「ＳＤＧｓ実施指針」を踏まえてアクションプランを策定したとしている。外部の有識者の意見を聞く場を設けたことは評価されているが、アクションプランにはその声が十分反映されていないという指摘もある。なお、ＳＤＧｓアクションプランは二度の改定を経て、2020年10月現在は２０２０年度版が公開されている。

❖4　ジェンダー平等を達成するための取り組みの一部は3章で紹介している。

指揮者が機能しないオーケストラ

政府のＳＤＧｓアクションプランの数ある個別政策の中には、もちろん意義あるものも含まれている。しかし本質的な問題がある。まず、ＳＤＧｓアクションプランでかかげている政策はどれも、すでに政府が実施していたり、導入の決まっている政策を、ＳＤＧｓに合わせて並べているだけになっている。また、政府による自治体や企業の表彰も、優れた先進事例を賞賛するにとどまっている。いわば、後づけで「それらしく」ＳＤＧｓに取り組むように見せているにすぎない。その意味では、企業がホームページでＳＤＧｓロゴを「タグ付け」しているのと変わらない姿勢と言える。

さらに大きな問題は、**「バックキャスティング」**の発想がないことだ。バックキャスティングとは、数値目標を含めて、あるべき未来の姿を明確にイメージし、達成するために逆算する考え方である。ＳＤＧｓ自体もバックキャスティングの発想でつくられた。17ゴールがめざすべきビジョンで、具体的な方法論が１６９のターゲットという関係になる。

これまでの日本社会では、多くの場合、現状から考えて常識的な範囲で改善をくりかえす「フォアキャスティング」が取られてきた。その場合、目標設定が漠然としたものになりがちだ。政府の「ＳＤＧｓアクションプラン」はその典型例といえる。２０３０年に向けてどこをめざすかが不明確なので、いまの政策を検証・評価することもできない。その結果、日本が将来的にどこに向かうかが、わからないままになっている。

縦割りの弊害もある。政府のＳＤＧｓの対外窓口は外務省だが、実際の政策を実施しているわけではなく、権限もない。イノベーションは経済産業省、地方創生は総務省、女性活躍推進は内閣府の男女共同参画局が担当するといった具合で、各省庁がそれぞれの予算をもとに政策をこなしているが、それらをまとめる部署も法律もない。一応は官邸が全体を束ねることになっているのだが、長期プランがないので場当たり的な対応に終始している。ではたんなるリーダー不在かというと、そうではないところがまたややこしい。もっとも危険なのは、突然「決められる政治」を実践しようとして「官邸主導」を言い出すときだろう。

ＳＤＧｓ政策ではないが、コロナ禍で決められた学校の一斉休校や、いわゆる「アベノマスク」全戸配布などは、そのわかりやすい例と言える。いずれの政策も、官邸の「やってる感」をアピールするために、貴重な時間や資源を浪費してしまった。同様の指摘は、政府のコロナ対策を検証する民間臨時調査会の報告書（2020年10月に公表）でも行われている。

日本政府のSDGsの取り組みをオーケストラにたとえるならば、**指揮者がいるのかいないのかわからない、あるいはいたとしても機能していない**、といったところだろうか。いないと思っていた指揮者が突然あらわれ指揮をとりだすが、適切なトレーニングを受けていない人物だったりするので、現場は振り回されっぱなしだ。いかに素晴らしい楽器や優秀な演奏者がいても、これでは全体として美しいハーモニーを奏でることはできない。

SDGsや幸福度にかかわる国際指標では、いずれも北欧諸国が上位に入っていたが、それは偶然ではない。どのような社会をつくるかについて、市民も参加して徹底的に議論を行い、そこで決まったビジョンに基づいてバックキャスティングで政策を実施してきたことが背景にある。北欧でなぜそのようなことが可能になるかという理由の一端は、この章の最後にふれることにする。

経団連の「ソサエティ5.0」

経済界の代表的な存在である経団連（日本経済団体連合会）は2017年に企業行動憲章を改定し、SDGs達成を活動の柱に据えた。経団連のような巨大組織が、人権や気候変動対策に目を向け、社会課題の解決に取り組むとしたことは、主流の経済界でも前向きな変化が起きていることを示し

図2　スーパーシティ構想イメージ図

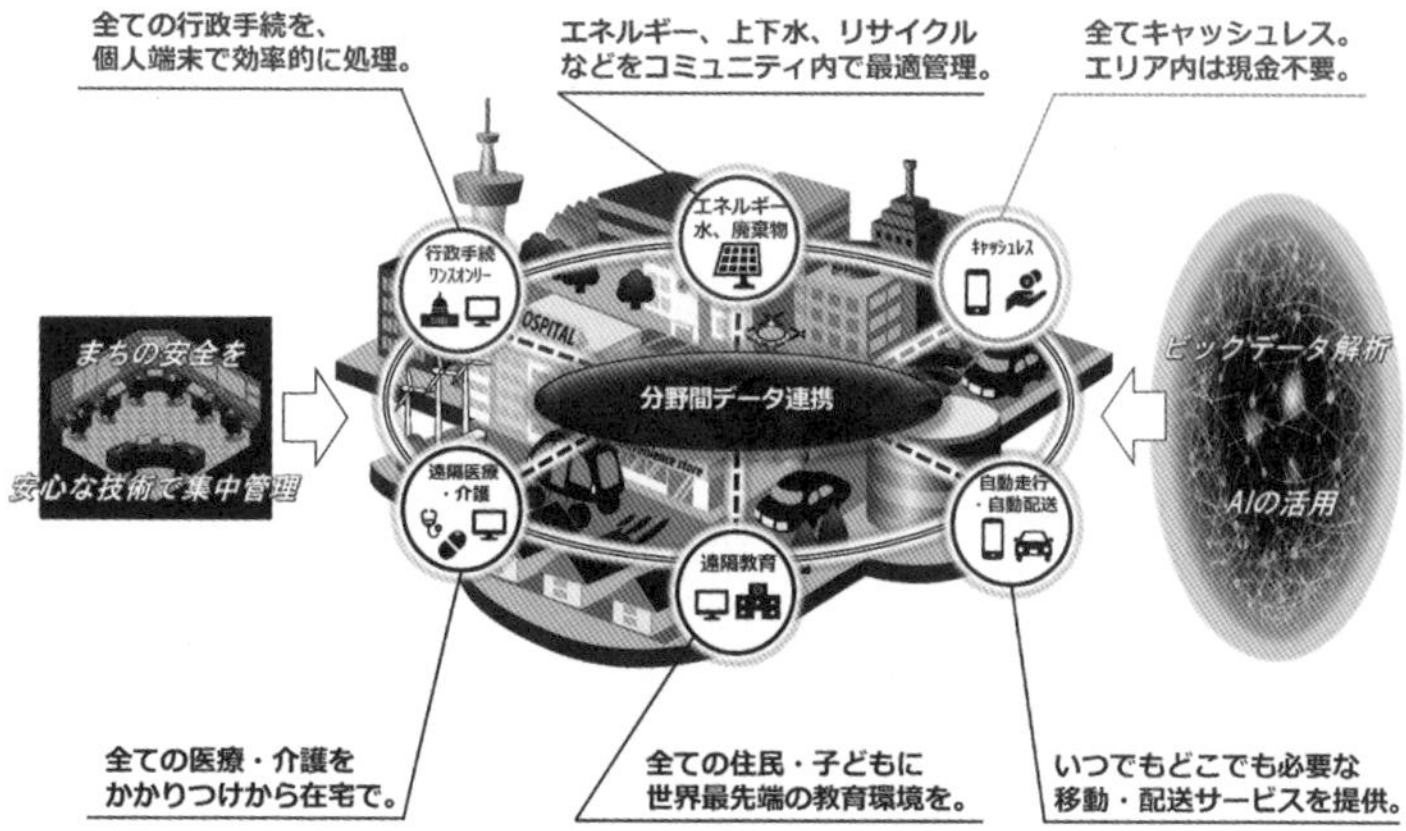
全ての行政手続を、
個人端末で効率的に処理。
エネルギー、上下水、リサイクル
などをコミュニティ内で最適管理。
全てキャッシュレス。
エリア内は現金不要。
行政手続
ワンスオンリー
エネルギー
水、廃棄物
キャッシュレス
まちの安全を
安心な技術で集中管理
分野間データ連携
ビッグデータ解析
AIの活用
遠隔医療
・介護
遠隔教育
自動走行
・自動配送
全ての医療・介護を
かかりつけから在宅で。
全ての住民・子どもに
世界最先端の教育環境を。
いつでもどこでも必要な
移動・配送サービスを提供。

（出典）第3回「スーパーシティ」構想の実現に向けた有識者懇談会（2018年11月26日）資料

ている。

ではその中身はどうか。経団連がSDGsを達成する具体策のひとつとしては「ソサエティ5.0の実現」が挙げられてきた。ソサエティ5.0の推進は、政府のアクションプランの3本柱「ビジネスとイノベーション」でも中核とされている。政府と経団連がいずれもSDGsの実践として重視するソサエティ5.0とは、いったいどのようなものなのだろうか。

説明によれば、社会は狩猟採集（1.0）、農耕（2.0）、工業化（3.0）、そして情報化社会（4.0）へと発展してきた。5.0とは、情報化社会の上をいく未来社会のことで、先端イノベーションによりあらゆる社会課題が解決され、「人間中心の社会」が実現できるものだという。具体的には、AIやIoT（モノのインターネット化）、ロボット技術などを産業や社会生活に取り入れ、省力化、低コスト化などをはかり、高齢化や人手不足、過重労働、格差などの問題をなくしていくとのことだ。政府が推進し、20年5月に法案が可決された「スーパーシティ構想」（図2）は、それを実証する場となる。

ソサエティ5.0という社会の概念は漠然としすぎているが、たしかにイノベーションの発展で便利になることはあるだろう。遠隔地医療、自動運転、介護ロボットの普及などは、地方の高齢化や人手不足解消などの手助けとなるかもしれない。しかし、それが根本的に社会問題を解決するわけではない。また人類の歴史では、技術だけで社会問題を解決しようとして、かえって問題を複雑化したことも多い。１９６０年代から70年代にかけて、途上国の食糧危機の克服をめざした「緑の革命」は、単一の品種を植え、大量の化学肥料や農薬を使った結果、土地の砂漠化や塩害、環境問題などを引き起こし、かえって収穫量を減少させた。ＩＴ産業の発展で社会は便利になったが、グーグルやアマゾンなどルールをつくったグローバル企業に富が集中し、貧富の格差は拡大し続けている。そういったマイナス面に目を向けず、技術さえ発展すれば社会課題がすべて解決されるとする説明は、あまりに楽天的な技術至上主義のようにも見える。

たとえば、現在すすめられているスーパーシティ構想では、住民は大量の個人情報を事業者に提供しなければならず、監視社会化や情報漏洩のおそれがある。また、住民の自治が軽視され、街区を運営する事業者が実質上の主権を握る可能性もある。そのような街に暮らすことで課題が解決されるだろうか。多額の税金をかけて、ユートピアをめざして造ったスーパーシティがディストピア（絶望郷）となる可能性も否定できない。

ソサエティ5.0には、別の側面からも大きな疑問がある。まず客観的に見て、コロナ禍でようやくテレワークが普通になり、いまだに印鑑やファックスをどうするか議論している日本社会、とくに行政については、情報化社会の段階ですらないだろう。4.0でさえない、3.5くらいの社会が一気に5.0に高飛びできるのだろうか。さらにそれを、期限まで残り10年を切ったＳＤＧｓ達成に活かすには、すでに5.0が達成されていなければならないので、時間的にも計算がまったく合わない。

そのような理由から、政府や経団連が主張する**「ソサエティ5.0によるＳＤＧｓの達成」はＳＤＧｓの本質から外れていると言わざるをえない**。むしろ、この部分だけを切り取れば、目的はＳＤＧｓの達成ではなく、日本の経済成長政策の見栄えをよくするためにＳＤＧｓをパッケージとして利用しているだけのように見えてしまう。これは、以下で説明する**ＳＤＧｓウォッシュ**と呼ばれるものだ。

ＳＤＧｓを意識するのは大事なことだが、現在の技術開発（＝ものづくり）だけを目的とするようなソサエティ5.0では、人間中心の社会はやってこない。ＳＤＧｓでは、人間中心の社会を実現するために技術をツールとしてどう活用していくか、つまり「しくみづくり」が問われているのである。

SDGsウォッシュ① ロゴだけつけても変わらない

現在、日本では行政や企業を中心に、SDGsがブームとも呼べるほど広がっている。前身であるMDGsは人々にほとんど知られていなかったので、多くの人が知ること自体には意味があると言えるだろう。とはいえ、バッジをつけるだけ、ホームページにロゴマークを配置するだけといった表層的な動きも目立つ。とくに、SDGsのカラフルなロゴは営利目的での使用を除き、申請や審査も不要で誰もが使えるため、本質とかけ離れた利用のされ方をよく見かける。

もっとも多いのは、本質的な課題解決に取り組むことなく、17ゴールのロゴを自社事業に「タグ付け」して満足しているケースだ。「この商品はSDGsの何番に当てはまっています」といった宣伝をする企業もある。SDGsには169ものターゲットがあるので、このような方法ならひとつや二つは当てはまって当然で、外部に誇るようなことではない。

また、よくみられるのが**「トレードオフ」**を無視したアピールである。トレードオフとは、何かを得るために別の何かを失うことを意味する。これまでの社会では、たとえば「みんなに安価なエネルギーを供給する」ために石炭を燃やし続けてきた。しかし、そのせいで大気汚染や気候変動の問題が深刻化した。そういうことをくりかえしてきた結果、現在の世界は深刻な問題を数多くかかえている。

だからこそ、SDGsではすべてのゴールやターゲットを、トレードオフのないかたちで達成することを求めている。つまり、**ある課題の解決のために別の価値を犠牲にする方法はとらない**ということだ。もちろん、簡単なことではないが、だからこそ「トランスフォーム」を呼びかけている。問題のある事業を継続しながら、ターゲットにひとつでも当てはまればロゴマークをつけるような発想では、「トレードオフのない社会をつくる」というSDGsのメッセージをまったく認識していないことになる。

「環境に優しい」と見せかけて、実態がともなわない商品や企業の行動を**「グリーンウォッシュ」**と呼ぶ。欧米では、企業が見かけだけ「エコな商品」や環境に対する取り組みをアピールしても、消費者に見すかされれば「グリーンウォッシュ」だという批判を受けて評判を落とす。SDGsにも同様のウォッシュが存在する。実例を紹介しよう。

日常生活になくてはならないコンビニエンスストア。コンビニ各社は、再生可能エネルギー（再エネ）の導入やフードロスの削減、子どもの貧困対策など、SDGsを見据えた取り組みに熱心だ。また、災害発生時には町のライフラインを担う役割も実践している。こうした分野では、本業を活かした意義ある取り組みが実践され、また高い評価も受けている。ところが、本社と加盟店オーナーとの関係となると、コンビニ業界は別の顔を覗かせる。

両者の圧倒的な力関係にもとづき24時間営業が強制され、過酷な労働が続けられてきたことが問題になっている。人手不足もあり、オーナー家族によっては過労死ラインを超えるほどの長時間労働を強いられる場合もある。本部に支払うロイヤリティの割合は高く、食品の廃棄費用、スタッフの人件費、店舗運営費などはすべてオーナー側の支払いとなる契約が大半だ。そのため、本社が儲かっても加盟店は経費ばかりかさみ、利益がほとんど出ないようなことが常態化していた。さらに、こうした実態をオーナーが訴えても、法律上は大半が個人事業主なので、本社側は「労働基準法の適用外」との立場をとってきた。オーナーが実質的に労働者であることをあえて無視したこのような搾取的な関係性は、持続可能なビジネスとは言えない。

そんな中、２０１９年に24時間営業の短縮を訴えたＳ社の加盟店オーナーの声がメディアなどの注目を集め、コンビニ各社はようやく加盟店側の要求を考慮する姿勢を示すようになってきた。さらに20年には、イオングループ傘下のコンビニチェーン・ミニストップが、加盟店との新しい利益分配モデルを導入すると発表した。これまで加盟店側が全額負担していた食品廃棄ロスや人件費も含め、最終的な収益を本部と共同で分けあう対等な契約になるという。他の大手コンビニチェーンの今後の対応にも注目が集まっている。コンビニ業界の他分野での社会貢献を「ＳＤＧｓウォッシュ」にさせないためにも、働く人々が犠牲になるシステムを転換していく必要があるといえるだろう。

ＳＤＧｓウォッシュ② 二重人格の大企業

過去に悪質な法律違反や組織的な不祥事を引き起こした企業も、ＳＤＧｓが大好きだ。２０１９年と20年に不祥事を起こした企業リストの一部を表1に掲載した。ここに登場する、日本を代表する大企業のすべてのホームページには「私たちはＳＤＧｓに貢献しています」の文言とともにロゴマークが並んでいる（20年12月現在）。

リストには載っていないが、ＳＤＧｓとの関係で筆者が注目している企業がある。大手建設会社Ｄ社は、建築業界で初めてＲＥ１００（再生可能エネルギー１００％イニシアチブ）に加盟するなど、環境への熱心な取り組みで「ＳＤＧｓ実践企業」として知られている。またＳＤＧｓ関連のイベントには、たびたび同社のＣＳＲ担当者が出演、環境問題への貢献をコメントしてきた。

ところが２０１９年には、Ｄ社の建設した約４０００棟の戸建住宅やアパートで建築基準法違反が判明。さらに、多数の社員に国家資格を不正取得させていたこともわかった。資格の不正取得は30年以上続けられ、今回わかっただけでも４２２件にのぼるという。まるで二重人格だが、深刻なのは本業で長年にわたり不正が積み重ねられてきたことだ。ＣＳＲ部門の本気度に偽りはないのだろうが、本業で法律すら守れないのなら、組織としてＳＤＧｓをかかげる資格はないのではないか。

さらに言えば、筆者は建物の断熱（省エネ）についての取材を重ねてきたが、環境をＰＲするＤ社

表1　2019～20年に発覚した大企業の不祥事のリスト（一部）

関西電力幹部の金品授受	関西電力の幹部ら75名が、原発が立地する福井県高浜町の元助役から長年にわたり多額の金品を受領。見返りとして、元助役と関連の深い事業者へ優先的に事業が発注された疑い。
かんぽ生命の不適切契約	かんぽ生命保険（日本郵政グループ）が、高齢者を対象に18万件を超える不適切な保険契約をさせた疑い。
ハイオクガソリン虚偽表示	石油元売５社の独自開発を謳ったハイオクガソリンが、20年前から他社製と混合されていたことが明らかになる。
「内定辞退者予測」情報の販売	就職情報サイトを運営するＲ社は、AIで就活生の内定辞退率を予測し、企業に販売。購入企業はＴ社（自動車）、Ｒ社（銀行）など大手38社にわたる。個人情報保護法などに抵触。
建築基準法違反	大手建設会社Ｌ社の設計・施工したアパートなどおよそ８割にあたる３万棟の建築物で建築基準法違反や不備が発覚。また準大手建設会社Ｍ社は、工事を請け負った学生寮や校舎の壁の隙間に、廃材などを不法投棄していた。

（注）公益的な企業を除き、企業名はイニシャルとした　　（筆者作成）

の建物の省エネ性能レベルは、国際的にはお粗末なものでしかない。事業を通じて環境・エネルギー問題に取り組むのであれば、もっとも重要な本業のエネルギー効率を改善してほしいところだが、そうではない企業が「ＳＤＧｓ先進企業」などと扱われてしまうことに、日本の課題の一端が見える。

ＳＤＧｓは、これまで企業が考えてきた「余ったお金で植林すればいい」といったレベルの「社会貢献活動」ではとうてい実現できない。組織全体がマイナス面を直視し、体質を変える覚悟で挑む必要がある。もちろん、大きな組織ほど抜本的改革には時間がかかる。ここで取り上げた企業も、いずれはトランスフォームすることを期待したい。

企業と社会との関係性

グリーンウォッシュ、SDGsウォッシュとして批判されるような誇大広告や、CSR事業と本業とのあいだのズレは、日本だけでなく欧米の企業にももちろんある。しかし、企業と社会との関係が日本とは大きく異なっている。環境や持続可能性についての意識が高い欧米では、企業がうわべだけエコな広告を出しても、すぐ批判されてしまうからだ。

たとえば、ファストファッションブランドのH社（本社スウェーデン）は、2030年までに持続可能な素材を原料に使用すると宣言。2019年には、オーガニックコットンなどを使用したサステナビリティをかかげるシリーズ製品を発表した。しかしノルウエー消費者庁は、詳細情報が不明確でどの程度サステナブルかを検証できないことから「違法なマーケティングの疑いがある」と指摘した。指摘を受けた企業の側は、より明確な根拠を示さなければいけなくなる。このような市場や行政、NGOや消費者との緊張関係は、グリーンウォッシュを許さないだけでなく、企業の社会活動をより意味のあるものに高めていくうえで、とても大切なことだ。

日本では、グリーンウォッシュなどに対する社会的な認識が甘いため、欧米であれば広告の取り下げや修正を強いられるような内容も見過ごされてしまう傾向がある。ＳＤＧｓを達成するためには、政府機関や企業、ＮＧＯがそれぞれの立場から精査することはもちろんだが、消費者自身も、持続可能性とは何かについての意識を高め、適切なモニタリング（監視）につなげることが欠かせない。

変化が起きている分野も

ここまで、政府や大企業の問題事例を中心に取り上げてきたが、日本でもＳＤＧｓをはじめとする国際的な流れに影響を受けて変化は起きている。もっとも企業活動に影響したのはＥＳＧ投資の躍進だ。１章で取り上げたように、ＥＳＧ投資は世界ではすでに２００６年からさかんになっていたが、日本での広がりは遅れていた。しかし２０１５年に大きな変化が起きた。日本の公的年金を運用するＧＰＩＦ（年金積立金管理運用独立行政法人）が、ＥＳＧ投資を重視し、ＰＲＩ（責任投資原則）に署名したのだ。ＰＲＩは、２００５年に国連が金融業界に提唱した投資方針で、ＥＳＧを重視することを誓う宣言である。

ＧＰＩＦは世界最大といわれる巨額資産を運用するため、日本の金融業界に大きな影響力を持つ。[5]もちろん、同じ年にＳＤＧｓが採択されたこともＧＰＩＦの方針転換に大きく影響したとされている。その２０１５年からの４年間で、日本の金融機関によるＥＳＧ投資の額はおよそ12倍に急増。

運用資産全体の割合も、日本の投資額のおよそ2割を占めるようになるなど存在感を増している。

次に、再生可能エネルギーの推進だ。政府の政策はまったく不十分だが、日本でも民間企業を中心にさかんになっている。背景にはESG投資の評価だけでなく、相次ぐ災害の激化により気候変動の危機感が共有されるようになってきたことがあげられる。代表的な取り組みに、先述した「RE100」という国際グループがある。近い将来、再エネの電気しか使用しないと大企業が宣言するもので、加盟する日本企業は46社に及ぶ（2020年12月現在）。大企業が宣言すれば、傘下の関連会社や下請けなど、膨大な数の企業も転換せざるをえなくなるため影響は大きい。

エネルギー以外にも、さまざまな国際的な枠組みに加盟する日本企業が増えている。熱帯雨林を破壊するリスクの高い産業のひとつに、天然ゴム生産がある。天然ゴムの7割は自動車のタイヤとして使用されている。そこで、天然ゴムの生産や利用がより環境や社会に配慮したかたちで行われることをめざし、「持続可能な天然ゴムのためのグローバルプラットフォーム（GPSNR）」が設立された（2018年）。設立には、NGOのWWF（世界自然保護基金）や、ミシュランなど世界的なタイヤメーカーのほか、ブリヂストンや横浜ゴムといった日本のタイヤメーカー4社も加わった。

個別の分野では、国際的に評価されている日本企業もある。たとえば、ダボス会議では毎年「世界でもっとも持続可能性のある企業100社（Global 100 Index）」をランキングにして発表している（表2）。対象となるのは大企業のみだが、環境やエネルギーに加え、動物福祉やジェンダー平等など

表2　Global 100 Index 2020 ランキング（企業名／国名／業種）

1位	オーステッド（ノルウェー／エネルギー）
2位	クリスチャン・ハンセン（デンマーク／バイオ）
3位	ネステ（フィンランド／エネルギー）
4位	シスコシステムズ（米国／ハードウェア）
5位	オートデスク（米国／ソフトウェア）
6位	ノボザイムズ（デンマーク／化学）
7位	INGグループ（オランダ／銀行）
8位	エネル（イタリア／エネルギー）
9位	ブラジル銀行（ブラジル／金融）
10位	アルゴンキン・パワー・ユーティリティーズ（カナダ／電力）
11位	オスラム・リヒト（ドイツ／半導体・照明）
12位	積水化学工業（日本／化学）
13位	ストアブランド（ノルウェー／金融）
14位	ユミコア（ベルギー／材料技術）
15位	ヒューレット・パッカード・エンタープライズ（米国／ハードウェア）
16位	アメリカンウォーター（米国／水道）
17位	イベルドドーラ（スペイン／電力）
18位	アウトテック（フィンランド／機械製造）
19位	ミナスジェライス（ブラジル／電力）
20位	アクセンチュア（アイルランド／コンサルティング）

（出典）CorporateKnights 社の発表をもとに作成

持続性にかかわるあらゆる情報について、できていない部分、つまりネガティブ情報も含めて積極的に開示することが前提となっている。それができている日本企業はまだ少数だが、２０２０年では日本からは積水化学工業が上位（12位）にランクインした。また50位以下には、武田薬品工業（68位）、コニカミノルタ（72位）、花王（86位）、パナソニック（89位）、トヨタ自動車（92位）の5社が入っている。

また、原材料を調達する基準を持続可能なものに切り替える企業も増えている。その面で専門家から高い評価を得ているのは、住友林業[6]（木材）、積水ハウス（木材）、不二製油（パーム油）、イオン（農産物、水産物、紙類、パーム油など）といった企業で、こうした大企業が方針をはっきりさせることで、やはり傘下の子会社や関連企業の切替えが進むことになる。

とはいえ、これで十分というわけではない。エネルギーやCO_2削減の動きに比べて、水の汚染、生物多様性の保全、海洋プラスチック対策などについては、国際社会に比べて大幅に遅れている。また日本の大企業の多くは、ESG投資やRE100など国際的な枠組みに乗り遅れないよう、後から参加するケースが目立つ。つまり、外部環境の変化などにより変わらざるを得ない状況になったことで、欧米に追随している面がある。それでも参加しないよりははるかにいいのだが、日本企業が率先して新たなスタンダードをつくるような動きはほとんどない。それが今後の企業の取り組みの課題のひとつと言えるだろう。

❖5　問題が指摘されたGPIFの投資……2017年4月、GPIFがクラスター爆弾を製造する米国企業の株式を保有していたことが判明した（その後、同社はクラスター爆弾の製造を中止）。クラスター爆弾は国際条約で製造が禁じられているが、GPIF側は投資先の運用については一任する専門機関が判断しているため、個別銘柄の投資をやめるような指示はしないとの立場を説明した。みずから選んだわけではないとはいえ、発覚後もこうした消極的姿勢を取り続けていることに、ESG投資の観点からは疑念が生じている。なお、スウェーデンでは、武器製造などにかかわる特定の企業の株式を公的年金の投資対象から外す措置を講じている。

❖6　住友林業の木材調達に対する指摘も……東京オリンピックの会場となる新国立競技場などを建設した、住友林業をはじめとする複数の事業者が、マレーシアなどの熱帯林を皆伐してつくられた「転換材」と呼ばれる木材を使った合板を大量に調達していたことについて、環境ＮＧＯレインフォレスト・アクションネットワークなどが告発した（２０１８年）。これには、東京オリンピックの原料調達基準が違法伐採木材を排除できないしくみになっていたことも深く関係している。翌２０１９年、住友林業は２０２１年までに調達する木材を１００％持続可能なものにするアクションプランを発表している。

日本の「デジタル化」に欠けているもの

日本社会とＳＤＧｓをめぐる課題を中心に考えてきたこの章の最後に、日本社会であまり議論されていない、社会のデジタル化とＳＤＧｓとの関係について考えてみたい。日本政府は、コロナ禍での給付金申請手続きなどが混乱したことなどを受けて、「デジタル庁」の設立準備を進めている（２０２０年12月現在）。社会のデジタル化は必要なことだろうが、たんにデジタル技術だけを浸透させたからといって、さまざまな課題の解決ができるわけではない。デジタル化のヒントとして、章の冒頭で紹介したあらゆる国際調査でトップをゆく北欧諸国の取り組みを見ていきたい。

北欧のデンマークでは、国民に「ＣＰＲ」という10桁の番号が割り振られ、行政や医療機関に加え、生活に必要なあらゆるサービスをスムーズに受け取れるようになっている。そのため、コロナ禍での経済補償の申請は、オンラインで10分足らずで終わらせることができた。デンマーク社会で

記者会見するデンマークのメッテ・フレデリクセン首相
(News Øresund - Johan Wessman, CC BY 3.0)

IT化がまたたく間に普及した理由は、市民にとって役所や医療機関での無駄な待ち時間が減ったり、紙の書類づくりを削減できるなど明確なメリットが共有されているからだ。

デジタル化については、情報漏洩やプライバシー侵害が懸念されている。しかしデンマークの政治では、何よりも公平性や透明性が重んじられ、政府と国民とのあいだにしっかりとした信頼関係が築かれてきた。国民からすれば、なにかトラブルが起きても合理的に対応したり、きちんと説明責任を果たしてくれるという安心感がある。コロナ禍の対応でも、各大臣がたびたび記者会見を開き、自身の言葉で、どのような議論が行われ、なぜこの結論に至ったかというプロセスを丁寧に説明している。メディアからの質問だけでなく、市民から出た疑問や不安にも向きあい、的確に回答した。こうした姿勢が評価され、20年4月上旬の調査では「政権のコロナ対策を支持する」と答えた人は86%に上った。

そもそもデンマークの政治家は、世界でもっとも汚職や腐敗が少ないと評価されている。[7]また、政治家のメールアドレスや電話番号はデンマーク議会の公式ホームページで常に公開されている。多くの議員は自分の携帯電話番号を載せ、本人が直接電話に出るケースもある。また、議員本人のホームページには自宅住所やメールアドレスも記載されている。その情報に誰でもアクセスできることも、日本との大きな違いだ。そのため、政治家からすれば、いい加減なことができないという緊張感がある。だからこそ国民は安心して個人情報を預けることができた。デンマーク在住のジャーナリストであるニールセン北村朋子さんは、「これだけの情報を出せるのは、社会が信頼によって築かれていることを示しています」と言う。その信頼関係がなければ、個人情報の提供をお願いしてもなかなか理解が得られないのではないだろうか。**デジタル化と透明性や説明責任は、セットで考える必要がある。**

この話に関連するSDGsのゴールは、「平和と公正（ゴール16）」だ。これは平和や安定、人権、法の支配に基づく効果的なガバナンス（統治）などを求める内容で、国や組織を運営する際の公平性、透明性、説明責任などが前提となっている。ゴール16は、SDGs全体を達成する手段としても重要となる。たとえ他のゴールを達成したとしても、独裁体制のもとで強権的に実施したのであれば、人権侵害のおそれもあり、認められることはない。

この観点で、日本政府のここ数年の実績はどうだろう。まず、法案や決議を国会で通す際、与党の議席の数にまかせた強行採決が目立つ。公文書改ざんや「桜を見る会」名簿のシュレッダー処理に見られるように、都合の悪い情報を隠し、議事録を残さず、反対意見を排除し、正面を切った説明や議論を避けてきた。そして、菅政権に交代後に話題となった日本学術会議の任命拒否問題でも、一部の会員候補を外した理由はいまも説明されないままだ(2020年12月現在)。その姿勢はゴール16が求めるものと相容れない。

政府はマイナンバーカード普及のため、買い物ポイント還元制度を行ったが、普及率はほとんど上がっていない。本当に個人情報の提供を求めるのであれば、目先のポイント還元などで釣ろうとするのではなく、透明性の確保や情報公開を徹底して行い、国民から信頼される政治を行うべきだろう。ブラックボックスだらけの体質をそのままにして、たんにデジタル化だけを推し進めようとするのであれば、情報漏洩のリスクが高まるばかりか、強権的な監視国家になってしまうという不安を国民はぬぐえない。テクノロジーばかりを重視して(その割にはテクノロジーも進んでいるとは言えないが)、人間を軽視するその姿勢は、政府や経団連がすすめるソサエティ5.0の話とも共通しているようだ。

デジタル技術をコロナ対策に活かしたのは、北欧だけではない。アジアに目を向ければ、徹底的

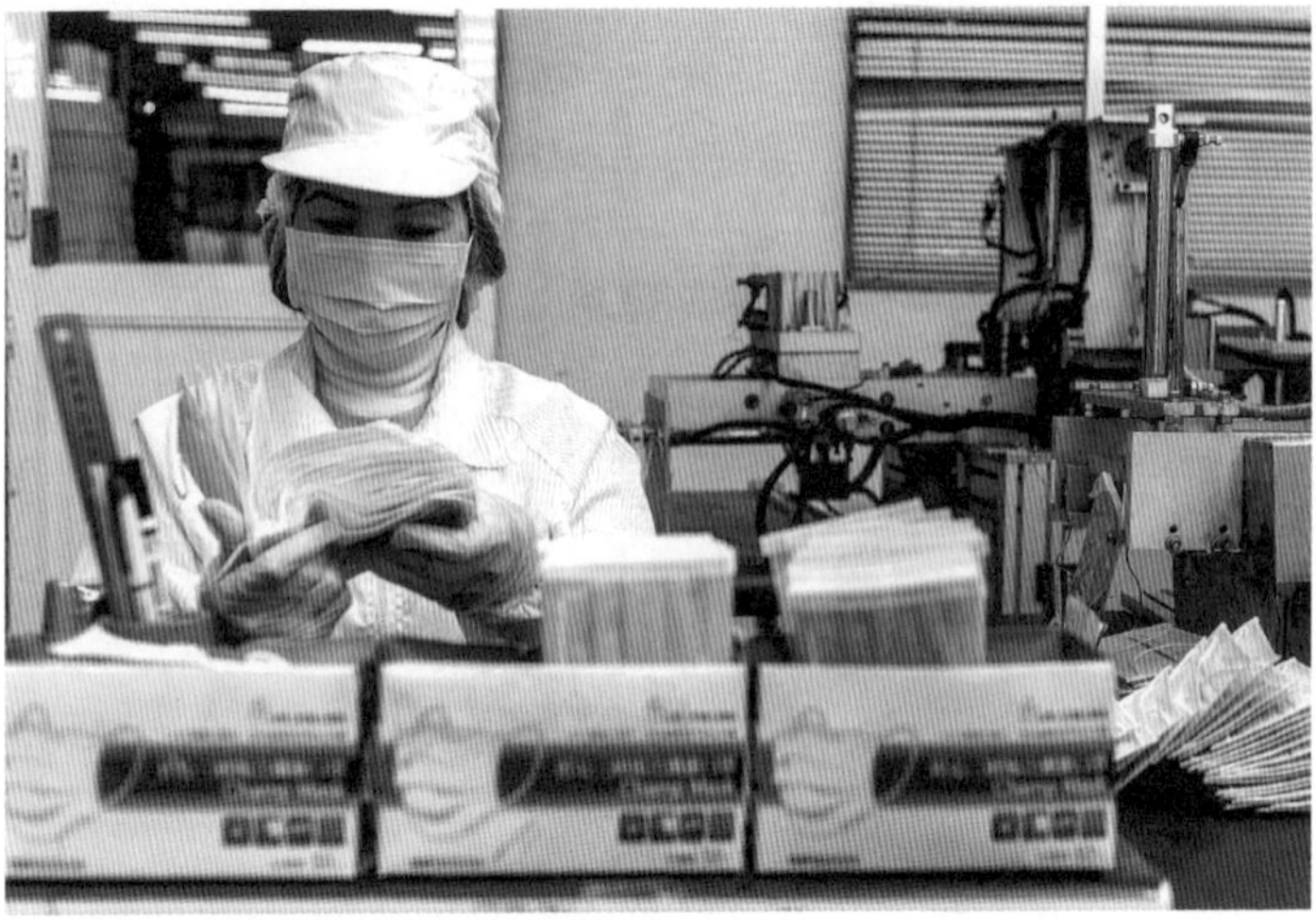

台湾ではいち早くマスクの増産体制がとられた
(©Official Photo by Makoto Lin / Office of the President, CC BY 2.0)

に感染を押さえ込んだ台湾が国際社会から高く評価された。そして台湾でも、透明性と説明責任、さらに政策決定への市民参加が重視されていた。たとえば、台湾政府が作成したアプリのひとつに「マスクマップ」がある。これは最寄りの薬局とそこにあるマスクの在庫数がリアルタイムで表示されるアプリで、どこに行けばマスクが手に入れられるかがすぐにわかるものだ。さらにインターネットを通じて、市民からの批判やアイデアなどを受けて修正できるオープンなしくみになっていた。それにより素早く的確な修正が行われ、アプリはより使いやすいものになった。このしくみづくりには、日本でも知られている天才的なIT担当大臣オードリー・タン氏が深くかかわっているが、たまたま一人の天才がいたから成り立ったというわけではない。台湾政府全体が、権力で命令するのではなく、市民の批判に耳を傾け、アイデアを柔軟に取り入れる方針を貫いたことで、台湾政府はコロナだけでなく、社会的な混乱も封じ込めたのである。

また台湾では、ＳＮＳに飛び交うデマをなくすため、常に公式情報を更新し、明らかになった最新情報をいち早く提供する体制を整えた。民間企業との協力では、たとえばＬＩＮＥ社とともに、言論の自由を犠牲にすることなく、一般の人がデマをチェックして通報したり共有できるしくみを整えたことで、あからさまなフェイクニュースが減ったという。

他方、同じくアジアでＩＴを活用して感染拡大を抑えたシンガポールでは、強い罰則つきの外出制限やマスク着用義務化など、主として強制力を働かせた。さて、日本のデジタル化はどちらの方向をめざすのか。デンマークや台湾のように、透明性と説明責任を重視し、民主主義的な方向に進むのか、シンガポールのような強権的な方向か。ＳＤＧｓを活かした国づくりをめざすのなら、答えはすでに出ているはずだ。

❖７　国際ＮＧＯトランスペアレンシー・インターナショナルが毎年公表する「国別腐敗認識指数（ＣＰＩ）」（２０１９年）で、デンマークはニュージーランドと並び同率１位（日本は20位）。

◎ニールセン北村朋子さんに聞く

デンマークがSDGs先進国である理由

識者へのインタビューの一人めは、デンマーク・ロラン島在住のニールセン北村朋子さんだ。ニールセンさんは通訳やアドバイザー、コーディネーター、そしてジャーナリストなどとして、デンマークの持続可能な取り組みを日本の人々に紹介する架け橋の役割を果たしてきた。両国をよく知る彼女には、SDGs先進国とも言えるデンマークの取り組みを紹介してもらいながら、日本社会にどう活かせばいいかを伺った。

（インタビューは2020年11月に実施）

ニールセン北村朋子（にーるせん・きたむら・ともこ）

2001年よりデンマーク・ロラン島在住のソーシャルコーディネーター・アドバイザー、ジャーナリスト。「地球と人にうれしい」ライフスタイルと社会づくりをテーマに、企業や団体、教育機関へのコンサルティングやワークショップ、講演を行う。国家どうしの公的会談の際には通訳も務める。宮城県東松島市の復興支援のため、現地とデンマーク、ロラン島を結んでの交流事業を継続して行っている。現在、ロラン島での食のインターナショナル・フォルケホイスコーレ開校プロジェクトに尽力。著書に『ロラン島のエコ・チャレンジ――デンマーク発、自然エネルギー100%の島』（野草社）がある。

日常の中のサステナブル

高橋――ニールセンさんは、日本とデンマークの両国の実情をよくご存知です。デンマークの日々の生活では、どんなところで持続可能性を感じますか？

ニールセン――デンマークは、以前からＳＤＧｓで言われていることが大切にされてきた社会です。日々の暮らしで感じるのは、たとえばどんな安売りスーパーでも、フェアトレードやオーガニックの商品がごく普通に置いてあります。国際認証よりさらに厳しい基準の、北欧独自の認証への信頼性が高いですね。このような認証は、特別なものという感じではなく当たり前になってきています。その分、認証のない商品が売れなくなっています。

高橋――消費者の意識が高いと、企業もうかうかできませんね。

ニールセン――そうなんです。食品添加物への意識も高く、お店で商品のバーコードにスマホをかざすと、どんな化学物質が添加されているかが一目でわかるアプリも活用されています。消費者の意識や知識のレベルに対応できない企業は見捨てられてしまいますね。消費者はすごい力を持っていると感じます。

いまちょっとしたブームになっているのが、廃棄食品を減らすための取り組みです。近所のスーパーや食料品店で、余りそうな食材が出るとアプリにお知らせが届きます。予約すると引き取りに行く時間を決めて、お楽しみ袋の形式で、格安で購入できるサービスです。デンマーク中で使われていて、私もよく利用しています。袋の中身を確認してから今晩のメニューを考えるのも、ゲーム感覚で結構おもしろいですよ。楽しみながら社会課題を解決できる、というのがいいですね。

高橋――ゴミのリサイクルも徹底していると聞きました。

ニールセン――そう、進みすぎてゴミを輸入しているんです(笑)。

高橋――輸入ですか⁉

ニールセン――ゴミを分別してリサイクルすることが進んだのは1980年代からです。銅やアルミはもちろん、家電のケーブルだってむやみに捨てません。いまでは、家庭で出るゴミを44種類くらいに分けて出すことが義務づけられています。私が住んでいるロラン島では、ゴミの4・5%を埋め立てて、9%を焼却しています。燃やした分は電気と熱のエネルギーに活かされます。残りの86%くらいは全部リサイクルされています。他の自治体も同じような割合ですね。

一方で、デンマークの自治体は熱供給の義務を負っています。ゴミを燃やして得た熱を暖房や冷房などの熱エネルギーに使うのですが、最近はゴミが少なすぎて、冬場は熱が足りない。そこで、ここ数年はイングランドなどからゴミを輸入しているんです。でも、さすがにゴミを輸入し続けるのはおかしいので、政府は今後、ゴミを焼却しない「アッシュフリー社会」をめざすとしています。熱エネルギーについては、ゴミを燃やさなくても再エネをさらに増やすことで、余った電気を熱に変えることができるようになります。

批判的思考と大人の覚悟

高橋――ニールセンさんはよく、デンマークの持続可能性や民主主義の根底にあるものは、教育とジャーナリズムだとおっしゃいます。日本の教育では、クリティカルシンキング（批判的思考）がきわめて弱いというデータも出ています（3章参照）が、教育とジャーナリズムをめぐる話には、そういったことも関連しているのではないでしょうか。

ニールセン――そうだと思います。デンマークでは幼稚園のころから、誰かに決められたメニューをこなすのではなく、自分で遊び方を決めるのが普通です。みんな一緒に歌を歌ったり読み聞かせをする時間もありますが、それもしたくない子はしなくてもいい。保育士さんたちは、極力子どもたちがしたいようにさせてあげて、行き詰まっていそうなときにヒントを出してあげる役割です。ケンカが起きても大人は仲裁しません。年上の子が入って、子どもたち自身で仲裁できるようになるからです。成長すればするほど意見が対立する場面を多く経験するようになるので、大人に頼らず自分たちで、対話を通じて解決策を導き出す練習を小さなうちからしたほうがいい、という考え方なのです。

日本ではそういう訓練がされずに、先生が指示を出して、言う通りに動くのが良い子どもとされてきました。それで就職活動になると、いきなり「あなたの個性は?」とか「創造力豊かな人材を」などと求められるので、おかしいと思います。

高橋——文科省は、クリティカルシンキングを日本の教育にも取り入れようとしていますが……。

ニールセン——クリティカルシンキングって、授業で子どもに教えればいいというものではなくて、大人の側に覚悟が求められるんです。デンマークでは「親や教師、政府が言うことがかならずしも正しいとは限らないから、いったん自分の頭で考えたり、自分で調べたりしてみよう」と教えられます。そして、子どもから批判されても、それに対して腹を立てたりすることはありません。大人に問われているのは、日頃から説得力をもったやり方ができているか、信念をもって挑んでいるかといったことです。日本は批判をさせない教育をしてきたので、教育方針を変えるのであれば、批判に応えられる覚悟ある社会づくりが必要になるのではないでしょうか。

高橋——デンマークでは、メディアリテラシーについても早く学ぶそうですね。

ニールセン――メディアの情報が本当かどうか確認する大切さなどを教わるのは中学生くらいからです。ＳＮＳが広がり、フェイクニュースにふれることも増えているので、情報を自分で分析して正しく判断する訓練をすることはより大切になっています。

それから、多くの人が学問としてジャーナリズムを学んでいます。ジャーナリズムは民主主義において、行政、立法、司法と並ぶ第四の権力と呼ばれますが、デンマークではそれが強く認識されています。ジャーナリズムは、ジャーナリストだけが知っていればいいというものではなく、一般の人が報道をどう受け取り、どう活用するのか、といったことを考えるのが大事とされているのです。

そして、報道の分野に進む人は、かならず専門の大学でジャーナリズムを学ぶ必要があります。記者だけでなくカメラマンや音声担当をめざす人も、そういうところで普遍的な倫理観や価値観を学びます。私は、日本にジャーナリズムという学問がないことは問題だと思っています。包括的なジャーナリズム教育がないため、どのメディアに入社したか、どの先輩に教わったかで倫理観や仕事の仕方が左右されてしまう。それでは、ジャーナリストとしての共通認識や矜持《きょうじ》を持ちにくいのではないでしょうか。

政界には老害がいない？

高橋――デンマークの政治家はすごく若いですね。日本では政治家でも経済界でも、年長者が決定権を握っていますが、なぜそうならないのでしょうか。

ニールセン――日本とは違い、政治家は利権の代表者にはなりません。だいたい50代になったら引退してセカンドキャリアに移行しています。古い人の凝り固まった考え方ではなく、若い人が決定権を持つことがいいとされているからです。いまの閣僚には50代は2人だけで、あとはみんな40代以下です。デンマークでは13歳から政党の青年部に入れるので、10代のころから政治にかかわるのがよくあることです。10代後半になると政治家になれるので、政治家をしながら大学に通う人もいるくらいです。いまのフレデリクセン首相は40代ですが、やはり10代から政治活動をしているので、キャリアはもう20年以上になります。

高橋――日本の政治のしくみは、何から変えればいいと思いますか?

ニールセン――まずは、被選挙権も選挙権と同様に18歳にすることと、供託金をなくすことが必要だと考えます。*1 誰もが参加しやすいしくみをつくることは、民主主義を実現するうえで欠かせません。また、投票権は18歳から得られますが、学校では政治的な発言や議論が禁止されたりタブー視されている。それなのに、18歳になっていきなり「誰に投票しますか?」と聞かれても、準備ができるわけがありません。

そんな中、デンマークの大学やフォルケホイスコーレ[*2]に留学した日本の女の子たちが、若者の声を政治に届けようと「NO YOUTH NO JAPAN」というグループを立ち上げました。デンマークで、10代から政治に関心をもつのが当たり前という社会にふれて衝撃を受けたようです。彼女たちは帰国後、自分たちでメディアをつくり、「若者が政治に興味をもたないと日本の未来はない」と訴え、共感を呼んでいます。こういう力が少しずつ政治を変えていくのかもしれません。

＊1　日本の被選挙権は、都道府県議会議員と衆議院議員が25歳、都道府県知事と参議院議員が30歳から。また供託金は都道府県知事と衆議院議員、参議院議員（いずれも小選挙区）が３００万円などとなっている。

＊2　フォルケホイスコーレ……19世紀に誕生した全寮制の成人教育機関。17歳半以上であれば誰でも入学でき、対話による学びが中心で、試験や成績評価は行わない。学べる内容はフォルケホイスコーレごとに政治、音楽、アート、ジャーナリズムなどさまざまで、民主主義と生涯教育を育む場となっている。

日本はどういう社会をめざすのか

高橋――最後に、いまデンマークで議論になっていることについて教えてください。

ニールセン――いろいろありますが、大きなテーマとしては気候変動や感染症のことを考えて、将来的には工業的な肉の生産や肉食を減らしていこうとしています。デンマークでは養豚業が基幹産業のひとつで、日本や中国に大量に輸出しているんです。[*3] それなのに政府は今後、豚や牛、羊などの赤身の肉の生産を減らし、鶏や魚、植物性タンパク質などに移行することを表明しました。担当大臣と話をする機会があったので、「業界から反発はないんですか?」と聞いたんです。そうしたら、「エネルギーでも、石炭から再エネに替えると宣言したとき反発されたけど、いまでは世界をリードする立場になっている。だから豚肉でもできるはずだし、そういう流れをつくるのが政治の役割だ」と言うんです。

高橋――すごい。これまでの常識にとらわれずに方針を切り替える姿勢が、社会を前に進めるんですね。

ニールセン――日本とデンマークの一番の違いは、どういう社会にしたいのかというビジョンを持っているかどうかです。デンマークは、世界の中で自国がどういうポジションになりたいかというビジョンがはっきりしていて、それに沿ってさまざまな政策がつくられています。

たとえば教育省の関係者から、このような話をされました。「デンマークは小さい国だけど、ある程度は世界の国から信頼されるようになっている。それをさらに活かすために、重要な交渉を大国どうしに任せるのではなく、デンマークのような国がファシリテート役を担うことで、それぞれの国の本音を引き出しつつ、よりよい交渉へと導くことができるのではないか」と。外務省の人が言うならわかりますが、教育省の人がこうしたビジョンのもとに教育方針を考えていることが、デンマークのあり方を象徴しているなと思います。

残念ながら、日本にはビジョンが見えません。日本は高度経済成長を達成した後、明確なビジョンがつくれないままになっています。どういう国でありたいかという議論がないし、どこをめざすかがわからないから、大人も子どもも不安になってしまいます。まずはそこから議論を始めるのが大切なのではないでしょうか。

日本は、やり方さえ決まれば変化が速い社会です。デンマークがすでにやっていることや、これからやろうとしていることには、日本のヒントになりそうなことがあるので、いろいろと紹介していきたいと思っています。もちろん、食文化や養殖技術など、個別の分野では日本がデンマークより優れているものもたくさんあります。そうしたことを逆にデンマークに紹介することも積極的にしたいと考えています。

＊3　日本が輸入している豚肉の12％がデンマーク産（2018年度）。

インタビューを終えて

「持続可能性」という面では、日本社会のあり方はデンマークに遠く及ばない。筆者はデンマークを理想化したいわけではない。さまざまな社会課題があり、日々人々が向きあっていることは日本と同じだ。差別をする人もいるし、セクハラで問題になった国会議員もいる。しかし最大の違いは、本文でもふれた市民の政治や社会への参加意識だろう。日本のように「どうせ何も変わらない」とあきらめている人は少数で、おかしなことをすると市民が黙っていない。だから政治家や企業の側も、いつも見られているという緊張感をもっている。日本の政治家や企業が、説明責任を果たさなかったり、透明性が低くても許されてきた背景には、市民の側がそれを求めてこなかったという相互関係もありそうだ。それを変えるには、面倒でも政治や社会で何が起きているかに関心をもつしかない。自分たちの支払った税金が何に使われているのか、自分たちの暮らしや命を守るしくみがなぜこの国では脆弱なままなのか、私たちにはそれを確かめ、声を上げる責任がある。そのような人が増えることで、結果的にＳＤＧｓが求める社会の実現に近づくのではないだろうか。

3章

日本とSDGs 八つの論点

SDGsでしくみを見直す

この章では、前章で述べた日本社会の課題を踏まえて、SDGsにまつわる八つの論点を選んだ。いずれも国際的な視点から、日本が脆弱性を指摘されている分野である。内容は、①貧困 ②働き方(ディーセントワーク) ③ジェンダー平等 ④教育 ⑤災害対策 ⑥エネルギーと気候変動 ⑦海洋プラスチック問題 ⑧つくる責任・つかう責任だ。SDGsにまつわるこれらのテーマは一見バラバラに見えるが、読み進めていくうちにそれぞれが密接につながっていることがわかるはずだ。

各論点では、多様なトピックの中から、筆者が注目する一部の課題をピックアップし、主に前半と後半とに分けて論じている。前半では、データを中心に日本社会の課題を紹介しつつ、進むべき方向性を提示する。それを受けた後半では、SDGsの観点からしくみそのものを変える、あるいは見直すような国内外の実践事例や考え方を紹介している。それぞれ分量が短くテーマも限定されているため、かならずしも明快な解決策を提示しているわけではないが、課題への向きあい方についてのヒントにはなるだろう。

SDGsが求める「トランスフォーム」をもたらすためには、日本で多用されてきた、なんとなくの「エコ活動」や人々の善意に訴えるだけの普及啓発ではなく、制度やしくみを具体的に変えていくことが重要となる。「しくみを変える」というと大それたことのように聞こえるかもしれないが、政治家や官僚、大企業の経営者でなくても、できることは十分にある。

その実例として、本章と続く4章では自治体や中小企業、NPO・NGO、協同組合、その他市民社会の、小さくともキラリと光る取り組みを多数取り上げた。すでに述べたように、持続可能な社会を実現するカギは、それぞれの立場からできることをすべてやることだ。

それぞれができることをすべてやるという中には、個人でできる小さなことも当然含まれる。それについては、「個人がマイバッグやマイボトルを持ち歩くといった、小さなことをしても意味がない」と批判する人もいる。たしかに、そのような小さな取り組みで何かをした気になって満足しては意味がない。いまの社会課題を解決するためには、個人の行動だけではまったく不十分だからだ。しかし筆者は、そうした行動に意味がないとは考えていない。現状を変えるためには、それぞれのレベルで、できることを最大限やらなくてはいけない。一人ひとりが簡単にできることは、誰もがやって当たり前の常識にしていくべきものだ。そのひとつの出発点と考えればいいのではないか。3章と4章で紹介する取り組みを参考に、自分には何ができるかという観点から読み進めてほしい。もちろん、ここで取り上げた組織や団体にアプローチして、さまざまなかたちでかかわってみることもひとつの方法だ。

1 貧困

一人親家庭の半分が貧困

コロナ禍で明らかになったように、誰もが突然に生活が困窮する可能性はある。そんなとき周囲が手を差し伸べてくれる社会に、日本はなっているだろうか？ 貧困状態は、教育格差や健康悪化など他のあらゆる問題を増幅させる。また感染症や災害、気候変動などからも、貧困状態の人のほうがより大きな影響を受けてしまう。そのためＳＤＧｓでは貧困の撲滅を重視している。

十数年前までは、「日本は貧困問題とは無縁」と考える人も多かったが、２００９年の政権交代をきっかけに初めて日本の貧困率が公表されたことで、その認識が間違いだったことが明らかになった。日本では飢餓などに象徴される「絶対的貧困」こそ少ないが、「相対的貧困」の割合は改善されていない。相対的貧困とは、その国の生活水準と比較して困窮した状態を指している。世帯所得としては、各世帯の所得を順番に並べて、真ん中の世帯所得（中央値）の半分に満たない世帯の割合を指す。２０１８年の中央値は２５３万円で、貧困ラインは１２７万円となる。それ以下の世帯が相対

図 1-1　相対的貧困率と子どもの貧困率の国際比較

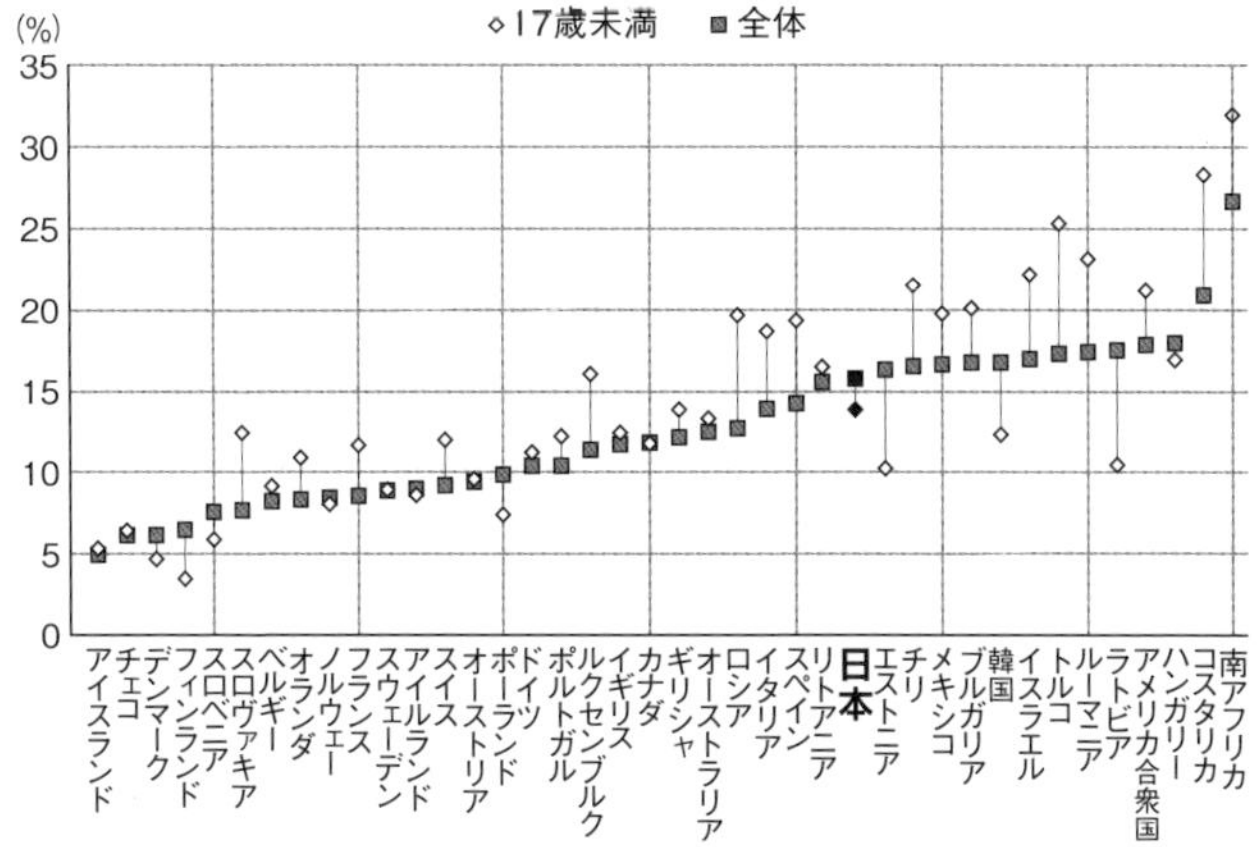

（出典）OECD Family Database, 2015-2019.

図 1-2　一人親世帯の貧困率

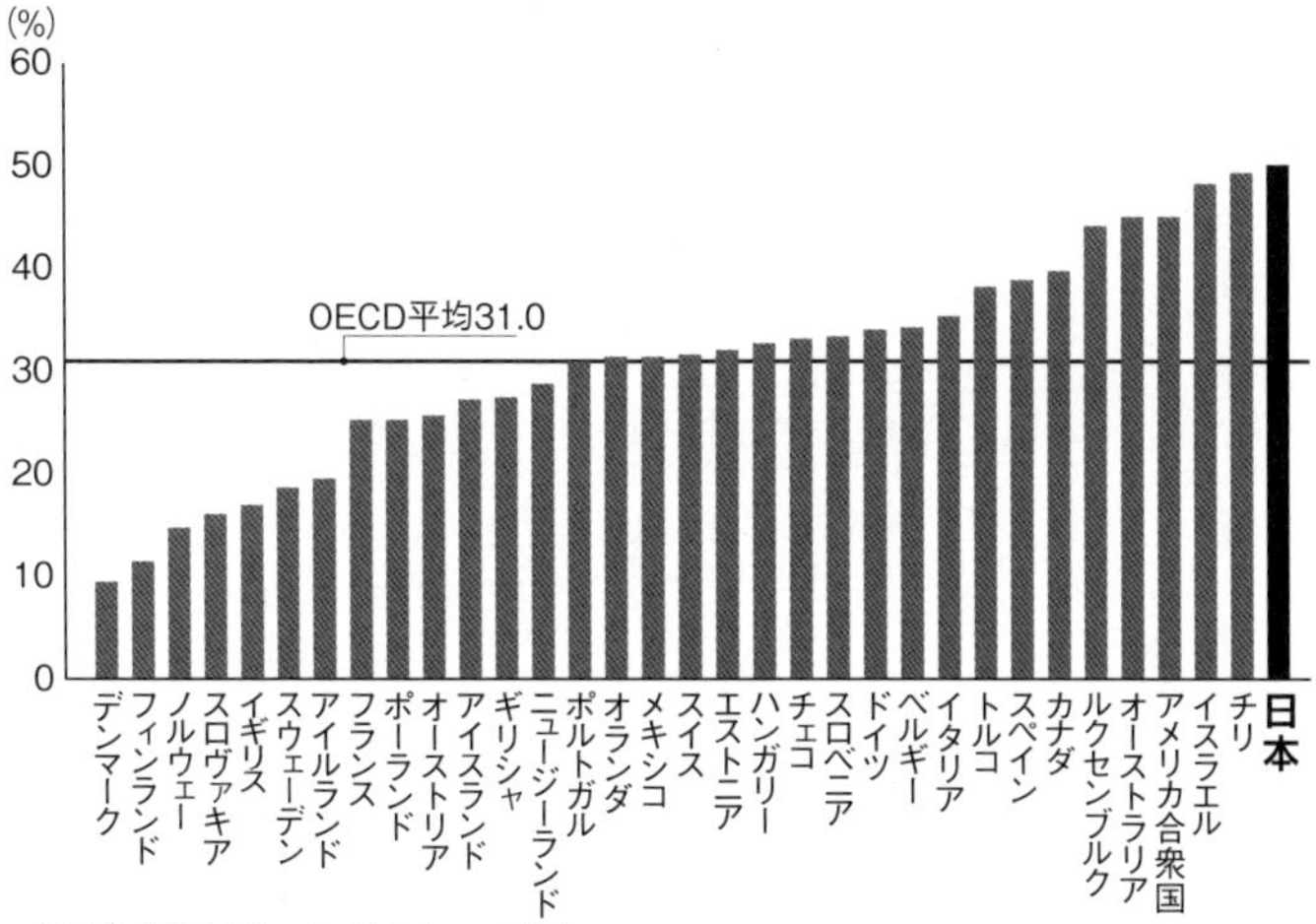

（出典）OECD Family Database, 2014.

的貧困家庭とされ、日本の総世帯に占める割合は15・4％と、G7の中で米国に次いで高い。

とくに深刻なのが一人親世帯だ。**一人親世帯のおよそ半数が相対的貧困の状態にある**とされる。また約9割は母子世帯で[1]、就労形態は非正規雇用が多いことから、コロナなど経済危機の影響をまともに受けている。2018年の一人親世帯の相対的貧困率（48・1％）と子どもの貧困率[2]（13・5％）は、いずれもOECD加盟36カ国の平均よりも高い数値となっている（図1-1、1-2）。日本は、一人親家庭の約半数、**子どもの7人に1人が貧困**ということになる。

政府は2013年から子どもの貧困対策に焦点を当て、幼児教育の無償化、奨学金の増加や貧困家庭の支援などに取り組んできた。しかし、具体的な目標や基準が設定されていないため、何をもって貧困が改善したかの評価ができないとの指摘がある。また、同じ2013年からは生活保護費が引き下げになるなど、逆行した動きもあり、貧困対策が総合的にみて進展しているとは言えない。

SDGsでは、すべての人々に最低限の生活水準の達成を含めた社会保護制度の適用を求めている[3]。日本の法制度でいえば、生活保護制度の充実である。しかし日本では、生活保護基準を下まわっているのに保護を受けられていない世帯が多い。相対的貧困世帯の数は800万世帯近くあるが、実際に生活保護を受けているのは164万世帯と、貧困世帯の20％程度しかカバーできていない。

要因のひとつには、「水際作戦」といわれるように、行政が生活保護の受給申請を妨げるような運用をしてきたことがあげられる。手続き時には、本人の意思に反して家族に連絡を取ること（扶養照会）も行われてきた。一般の人々のあいだにも、生活保護の受給を恥ずかしいことと考える心理や、周囲の人々からの厳しい視線がある。中には所持金が数百円になっても「生活保護を受けたくない」と言う人もいるという。とくに２０１２年に起きた生活保護バッシングが、その後の受給へのブレーキとなってきた面もあるとされる。

貧困家庭を減らすためには、まずは行政が適切な支援体制を整えることが欠かせない。コロナ禍では、全国民に一人当たり10万円が支給されるはずだった特別定額給付金が、住民登録のないホームレスの人に支給されないという問題が起きた。本来もっとも支援を必要とする人に行き渡らない福祉のあり方は、このままにしていていいわけがない。

問題はそれだけでない。生活保護バッシングや自己責任論に象徴される、困っている人をさらに追い詰める不寛容な社会の空気の蔓延は、いつ貧困状態におちいらないとも限らない自分たち自身をも追い詰めているかのようだ。ＳＤＧｓが求める公正な社会とは、困窮している人々へのサポートをすること、そしてそれを当たり前とする寛容な社会の実現にほかならない。

❖1　厚生労働省「全国ひとり親世帯等調査」（２０１６年）より。

❖2　厚生労働省「２０１９年　国民生活基礎調査」より。

❖3　ＳＤＧｓゴール１「貧困をなくそう」ターゲット１・３「すべての人々に対し、最低限の生活水準の達成を含む適切な社会保護制度や対策を各国で実施し、２０３０年までに貧困層や弱い立場にある人々に対し十分な保護を達成する」。

「こども宅食」による見守り支援

コロナ禍で貧困家庭の負担が増加するなか、迅速な支援を行ったのが、病児保育などを手がけてきた認定NPO法人フローレンスだ。フローレンスは2020年4月から「新型コロナこども緊急支援プロジェクト」を開始。寄付を財源に、他団体とも連携しながらさまざまな支援活動を行った。一人親家庭を含む困窮家庭への支援では「こども宅食」に力を入れた。こども宅食は、困窮家庭に食品や日用品を届けるものだが、たんに物を渡すだけではない。各家庭とつながりを持ち、見守り支援を行うことを大切にする。行政の行う福祉は、困った人がみずから窓口を訪れ申請するしくみだが、支援に関する情報に接する機会がなかったり、平日の昼間に窓口へ行けない親も多い。こども宅食では、食品を宅配する際に配達員が声かけするなどして、深刻な状況になる前に必要な支援につなげようとしている。親が「自分は一人じゃない」と実感できるサポート体制をつくることは、孤立を防ぐためにも大切となる。

こども宅食はもともと、フローレンスが文京区や民間企業と連携して2017年に始めた事業だ。翌年には、協力団体とともに「一般社団法人こども宅食応援団」を設立し、各地に広げてきた。ふるさと納税による寄付で運営費を集め、届ける食品や日用品などの多くは企業から寄付を受けている。

コロナ禍では、こども食堂などのかたちで困窮家庭を支援してきた全国の団体が、人を集めて行

「こども宅食」で届く食料品の一例（提供：認定NPO法人フローレンス）

う従来の活動を実施しにくくなった。そこでフローレンスは各団体にこども宅食のノウハウを伝え、資金助成のサポートをするなど事業立ち上げの支援を行った。緊急支援開始後、こども宅食で食料などを届けた家庭は、全国でおよそ４５００世帯にのぼる（２０２０年6月時点）。

２０２０年5月、政府はコロナ対策の第二次補正予算案に、困窮家庭への支援策として「支援対象児童等見守り強化事業」を組み込んだ。これはフローレンスなどの支援団体からの提言も踏まえてつくられたもので、こども宅食のモデルを支援する枠組みとなった。さらに8月には、有志の国会議員40名による「こども宅食議員連盟」が設立された。今後、こども宅食のモデルが緊急支援としてだけでなく、制度として全国の自治体に広がっていく可能性も出てきている。

筆者の取材を受けたフローレンスのスタッフは次のように言う。「これまでの社会福祉は、本当に深刻な事態になって初めて支援するものとされてきました。でも、明日食べるものがない状態にならないと支援が届かないのはおかしい。『生活は苦しいけどまだなんとかなる』という家庭が、危険な状態になる前に、行政や支援団体がかかわって伴走支援できるモデルを築いていければと考えています」

制度だけあっても、支援にたどりつくことのできない困窮家庭は少なくない。現在こうした支援団体とつながっている家庭は、みずから団体に連絡してきたり、全国の支援団体とすでにつながっているケースが大半で、声をあげることのできない家庭とどうつながるかについては支援団体も頭を悩ませている。行政は、こうした支援団体の献身的な取り組みのみに依存するのではなく、本来なすべき「公助」のあり方を見直し、福祉の常識をアップデートしていく必要があるだろう。

2020年12月、コロナ禍で生活に困窮する人々の増加を受けて、厚生労働省は異例の呼びかけを行った。ホームページ上で「生活保護の申請は国民の権利です」「ためらわずにご相談ください」といったメッセージを掲載し、積極的な利用を促したのだ。この動きを民間の支援団体も歓迎し、情報をSNSなどで拡散した。「遅すぎる」という批判もあるが、これまでの消極的な方針を覆すこうした動きは評価できる。今後は、自治体の窓口でも申請がスムーズに受け付けられるよう、人員の増加も含めた体制づくりを進めていく必要があるだろう。

2 働き方（ディーセントワーク）

働き手の4割が非正規雇用

貧困問題とも密接にかかわっているのが雇用・労働の問題だ。SDGsでは、仕事や雇用について、すべての人に働きがいのある人間らしい仕事（＝ディーセントワーク）の実現を求めている。国際労働機関（ILO）が定めるディーセントワークの定義は「十分な賃金を得られ、長時間労働などがなく、働く人の生活が安定し、人間としての尊厳を保てる生産的な仕事」というものである。

SDGsに関係する日本の雇用・労働をめぐる国際調査では、コロナ以前は失業者数が少なかったことから高い評価を受けてきた。[4] しかしディーセントワークの観点からは、多くの課題をかかえている。たとえば2章で紹介したコンビニ加盟店のオーナーの状況は、ディーセントワークとはほど遠い。

日本の労働市場の大きな課題は、**正社員の長時間労働と、非正規雇用の低賃金労働**という2点に支えられてきたことである。ここでは、主に非正規雇用について取り上げる。

図2-1　非正規雇用率の上昇

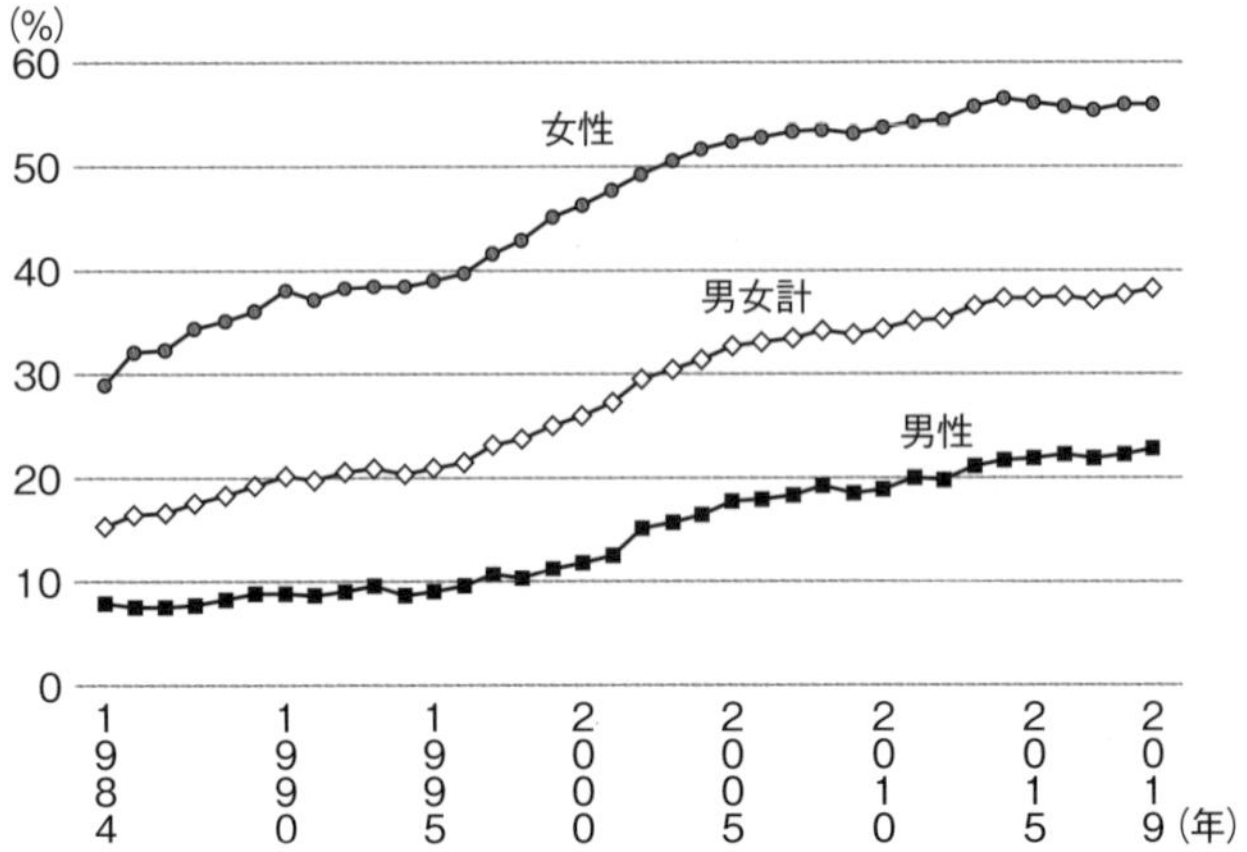

（出典）総務省「労働力調査」（1984-2019年）

現在、日本の働き手のおよそ4割が非正規雇用となっている。１９８７年には20%未満だったので、30年ほどで倍になった（図2-1）。増加したのは、バブル崩壊後の不況が深刻化した１９９０年代末から。経営が厳しくなった経済界は「新時代の日本的経営」を打ち出し、雇用の調整や人件費の抑制がしやすい非正規を増やす「合理的」選択を行った。同時に、経済界の意向を受けた政府が労働者派遣法を見直し規制緩和を進めたことで、よりいっそう非正規雇用の増加を促した。

非正規労働者の平均賃金は正社員のおよそ6割、さらに社会保険などのセーフティネットが不十分だ。コロナのような問題が起きると最初に解雇の対象となるため、生活基盤がきわめて不安定である。[5] なお、非正規労働者のおよそ7割が女性であり、後で取り上げるジェンダー不平等と密接に関連していること

もわかる。❖6

非正規が多いことは、労働者にとって厳しいというだけではない。短期的にはコストをカットできる企業にとっても、長期的には人材育成や技術の習得などの点でマイナス面が多い。経済界からも、非正規を増やしすぎたことが持続的な経営を妨げる要因のひとつになったとの声が出はじめている。

また、第二次ベビーブーム期に生まれた子どもが社会に出る時期と、非正規の増加が重なったことで、少子化が加速したという指摘もある。年齢を重ねても安定した雇用につけないことで、家庭を持つことをためらう人が増えたことはたしかだ。正規と非正規の割合については、この30年間で働く高齢者も増加しているため、単純に比較できるわけではない。それにしても、**働き手の4割が非正規雇用という現在の日本社会の土台は、きわめていびつで脆弱なものになっている**。

政府は「働き方改革」の一環として非正規労働者の待遇改善をかかげ、2020年4月からは大企業での「同一労働同一賃金」の適用を始めた。同じ仕事なら雇用形態にかかわらず同じ賃金を払うべきという法律だ。しかし、実態とのギャップを埋めるまでには長い時間がかかりそうだ。

ディーセントワークという観点からは、日本は非正規労働者のほかにもさまざまな課題をかかえている。その一部を列挙してみよう。政府や企業は、働きたいと考える多様な人材を活かす環境を整えてきたとは言いがたい。たとえば、女性の賃金水準は男性の7割程度のままで、これも雇用形態とジェンダーが深く結びついていることを示している。また、法律で定められた障害者の雇用率（民間企業では２・２％）は、欧州に比べると低い数値だが、それでも民間企業のおよそ半数しか守っていなかった。２０１８年には、民間企業を指導する立場の省庁の８割で、障害者雇用の水増しが行われていたことも判明している。

就労を求める無業者やひきこもりへの就労支援は質や財源が不十分だ。そして外国人労働者には、批判も多い「技能実習制度」など差別的な制度のもとで低賃金労働を続けさせてきた。

日本では長いあいだ、男性が稼いで妻子を養うという家族モデルが前提とされ、男性の正社員による長時間労働が当たり前のように行われてきた。その中でうつや過労死、過労自殺が深刻な社会問題となっている。さらに、その他の人々は補助的な存在としてしか扱われてこなかった。しかし、ＳＤＧｓの時代にその固定したモデルは通用しない。政府や企業は、経済成長や雇用・労働のあり方に関して、これまでの仕事をめぐる考え方を根本的に見直す必要がある。

❖4　２０１９年の年平均完全失業率は２・４％（総務省統計局「労働力調査」）。

❖5　２０２０年11月時点で、新型コロナ関連での解雇や雇い止めの見込みを含めた人数は７万９５２２人。うち非正規雇用は３万８０００人以上を占める。実数はさらに多いと見込まれている（20年12月25日、厚生労働省発表）。

❖6　非正規雇用の女性割合は68％（国民生活基礎調査２０１８年分「就業者の正規・非正規比率」）。

最低賃金を時給1500円に

ディーセントワークの実現をかかげるＩＬＯ（国際労働機関）は、１日８時間働けば生活できる賃金を得られることを基準としている。[7] とくに非正規労働者にとっては、最低賃金の大幅な引き上げがディーセントワーク実現の大きなポイントとなる。

それに対して、経済界からは「実現性が乏しい」という反発がされてきた。最低賃金を大幅に引き上げると企業経営が成り立たなくなり、むしろ解雇や撤退する企業が増え、結果的には失業者が増加するなど、人々のためにはならないというのだ。

しかし世界の実践例を見れば、かならずしもそうではないどころか、かえって地域経済にプラスになったケースもある。例として、ここ数年で自治体ごとの最低賃金の引き上げが相次いだ米国を取り上げる。２０２０年４月時点の米国の最低賃金は時給７・25ドル（約７５０円）で、物価の高さに比べて賃金がきわめて低く抑えられている。物価は上昇しているのに賃金が上がらないため、庶民の生活は年々苦しくなっている。

その中で、バーモント州の最低賃金は、２０１６年時点で全米５番目の高さとなる時給９・６ドルだったが、失業率は低く抑えられていた。そして、最低賃金のルールのない州のほうが失業率が高い状態になっていた。

またカリフォルニア州サンノゼ市は、２０１３年に最低賃金を時給10ドルに引き上げたところ、翌年にはファストフード店などの雇用が増えた。働く人々の家計に余裕ができて、客が増えたり、一人当たりの単価が増えたりしたためである。最低賃金を上げることが経済効果を生むと認識されたサンノゼ市ではその後も時給が上昇し、20年4月時点で最低賃金が15・25ドルになっている。

ワシントン州シータック市では、２０１４年に全米で初めて最低賃金が時給15ドルに引き上げられた。最低賃金の上昇に反対していたホテルやレストランのオーナーは「事業が不可能になるので撤退する」と宣言した。ところが、結果的には仕事が増え、企業の収益が上がり雇用が増えた。そしてシータック市でも、20年には最低賃金が時給16・34ドルとさらに上昇した。

経済の好循環をもたらしたこうした例を受けて、トランプ政権下の２０１９年7月には、民主党が多数を占める下院で、時給を15ドルに引き上げる法案が可決された。このときは共和党が多数を占める上院で否決されたが、バイデン政権下でも引き続き重要な争点になっていくことだろう。

ここからわかることは、**最低賃金を上げることは、経済界で一般的に思われているように経済的なリスクばかりではない**ということだ。格差を縮め、多くの人がお金を消費することで、場合によっては経済効果がもたらされる。逆に、このまま格差が広がり続ければ低所得者が増加し、彼らを支えるためにさまざまな社会保障、つまり税金を使わざるをえなくなる。それは長い目で見れば地域の衰退をもたらす。

米国シカゴでの時給15ドルを求めるデモ (Scott L., CC BY-SA 2.0)

労働者がまじめに働けば生活していける賃金を得られるようにする責任は、企業の側にある。企業の代わりに行政、つまり国民がサポートしなければならないしくみは歪んでいる。

もちろん、どのような場合でも最低賃金さえ引き上げれば経済の好循環が実現するわけではない。それぞれの国や地域で、社会や経済をめぐる環境は異なるため、どの期間にどの程度賃金を上げれば労働者と経営者、そして地域のそれぞれが持続可能になるかは違ってくる。また、財政基盤が脆弱な中小企業を支えるための丁寧なしくみづくりも必要だ。同時に、いくつもの政策を総合的に組み合わせながらバランスをとって引き上げていくことが大切となる。

日本でもすでに、労働組合や市民団体が連携して、最低賃金を時給1500円に引き上げることを求める運動を起こしている。すべての労働者が仕事に見合った適切な給与を得て、家族を十分に食べさせていくことが当たり前にできるような政策づくりが求められている。

❖7　ＩＬＯ1号条約は8時間労働制について規定した内容だが、日本は批准していない。

必要な仕事を自分たちで決める「協同労働」

ディーセントワークの観点から、注目を集める働き方がある。コロナ禍で多くの失業者が生まれるなか、仕事に新しい選択肢をもたらす「労働者協同組合法」が成立した（２０２０年12月）。同法の目的には「ディーセントワークの実現」も盛り込まれた。労働者協同組合（ワーカーズコープ／ワーカーズコレクティブ）とは、組合員である労働者がみずから出資して事業を立ち上げ、ともに働き、事業の運営にも民主的に携わる「協同組合」の一種で、自由で対等な働き方＝「協同労働」の実現をめざすものだ。出資する人みずからが事業を担う点で企業と似た部分もあるが、上下関係があるわけではない。地域のニーズはあるのに担い手が少ない事業を、自分たちで相談しながら発足させ、自由に事業内容を決めていく点もユニークとされる。地元住民が地域のために団体を設立することもできる。

労働者協同組合は、欧州では国によって１００年以上の歴史があり、製造業や建設業などで存在感を発揮してきた。日本の労働者協同組合の全国団体のひとつであるワーカーズコープ連合会は、1970年代に失業した中高年の仕事づくりをめざし、失業者たち自身が設立した事業体がルーツである。現在では、高齢者介護や障害者福祉、子育てなどさまざまな分野で、約1万5000人が働いている。労働者協同組合を法的に位置づける動きは1990年代から始まり、長い年月をかけてようやく法人格を持てるようになった。ここでは、障害者やひきこもりの人に就労の機会をもたらしている取り組みの一端を紹介する。

千葉県松戸市にあるワーカーズコープの「松戸地域福祉事業所あじさい」では、障害者、高齢者、無業者やひきこもり経験のある若者が、それぞれ自分の役割を持ち、介護の現場に出るなどして働いている。「あじさい」は2006年に高齢者介護のデイサービスとして開所。しばらくして職員らは、地域に働く場所を必要としている人たち（障害者やひきこもり経験者ら）が数多くいることに気づいた。そこで千葉県と協議を重ね、精神障害者のための「介護職員初任者研修」を行えるようにした。つまり、介護の資格を取得している障害者らが、実務を経験できる場として活用できるようになったわけだ。その後、障害者が就労支援と自立訓練を同時に行うことのできる「多機能型訓練事業所」の機能も併設するようになる。現在では、障害を持つ施設利用者たちが介護資格を活かして「あじさい」のデイサービスで働いたり、連携する近隣病院のリネン管理業務に就いたりしている。20年現在、「あじさい」の約40人の就労者は、さまざまな障害者（精神障害・知的障害・ダウン症等）、

65歳以上の高齢者、ひきこもり経験者などが大半を占めている。

このように労働者協同組合では、働く人々自身が地域にとって何が必要かを考え、話しあうなかで事業が誕生している。労働者みずからが仕事をつくる労働者協同組合は、コロナ後の持続可能な働き方を考えるうえで重要な存在になりそうだ。

3 ジェンダー平等

私たちを縛る「無意識の偏見」

ここまで述べてきたように、貧困や働き方の問題と、男女の性差（ジェンダー）は切り離せない。SDGsでも、すべてのゴールはジェンダー平等と密接に関連しているとされる。そして、この分野で日本はきわめて遅れをとっている。ジェンダーに関する国際調査（グローバルジェンダーギャップ指数2020）で、**日本は153カ国中121位である**。[8] 各国の政治・経済・教育・健康の4部門の男女格差の評価では、日本は健康（40位）や教育（91位）の分野では平均点くらいだが、政治（14

図3-1　日本のジェンダー・ギャップ指数（2019年）

2019年の日本の状況

分野	ギャップ指数	順位
政治	0.049	144位
経済	0.598	115位
教育	0.983	91位
健康	0.979	40位
総合	0.652	121位

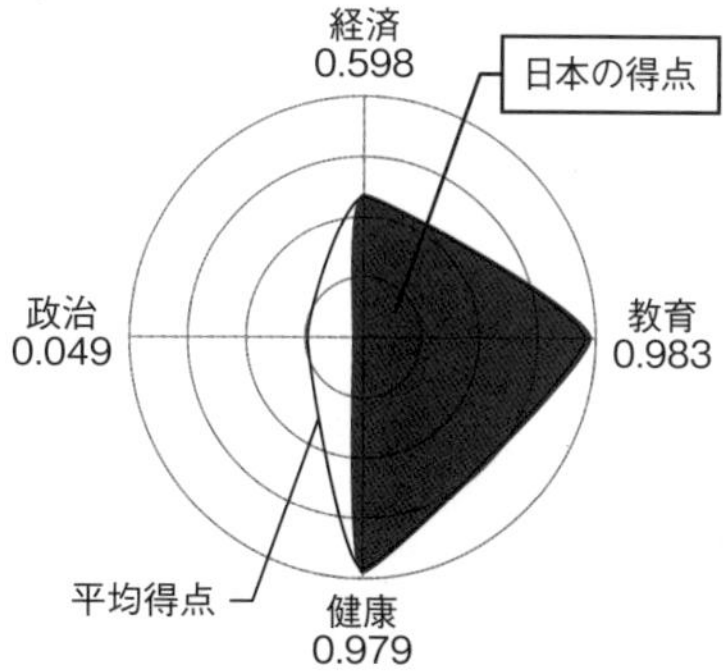

図3-2　日本のジェンダー・ギャップ指数順位の推移

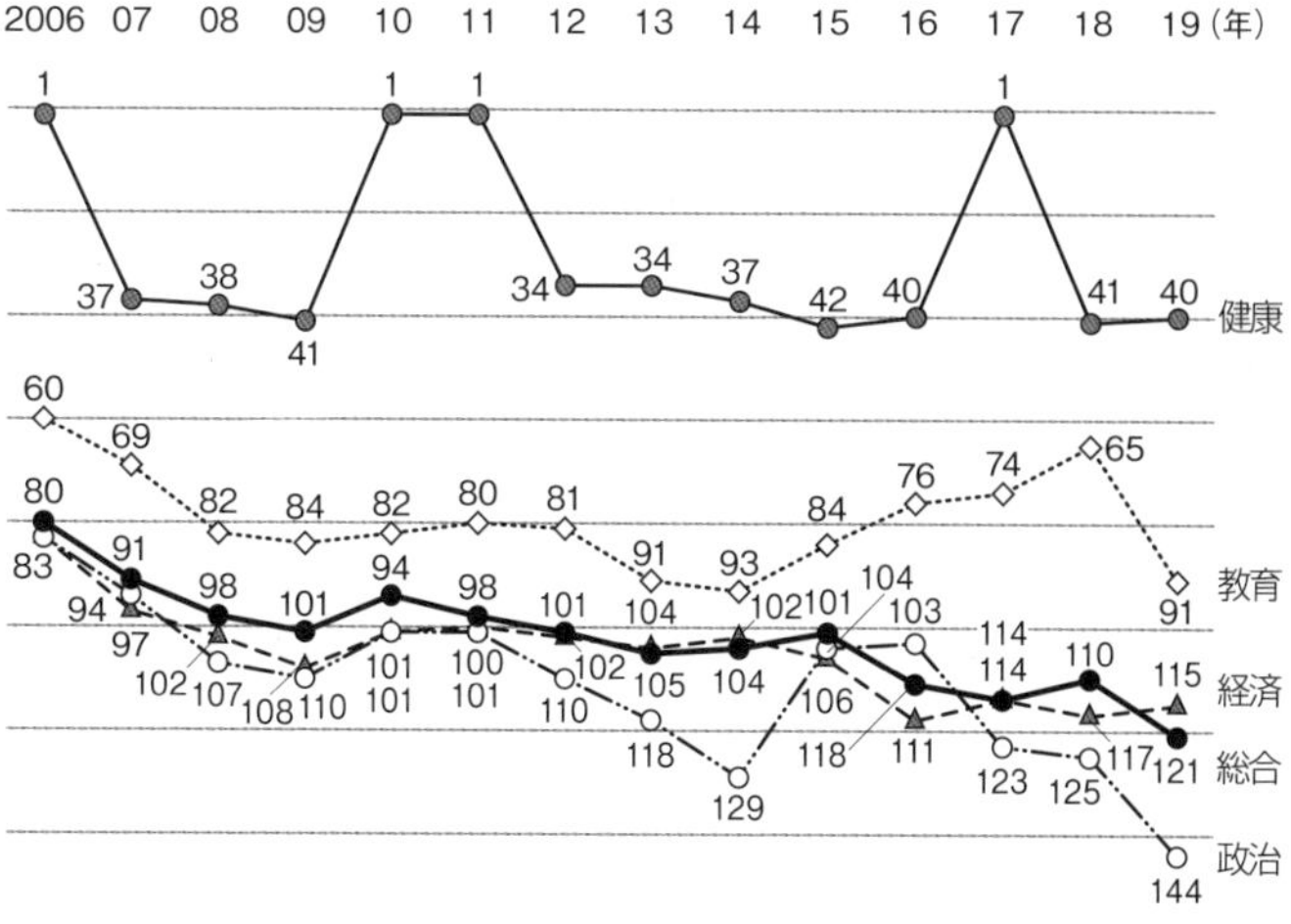

（出典）ともに World Economic Forum, "The Global Gender Gap Index 2020."
公益財団法人ジョイセフ作成資料より

4位）と経済（115位）は最低レベルだった。改善している部分もあるものの、他国で起きている大きな変化が日本では起きていないため、順位としては毎年下がり続けている。

とくに、意思決定をする場に女性が少ない。経済分野では、企業の女性管理職の割合が12％程度と、厳しい女性差別の残るアラブ諸国と同レベルである。

そして政治分野では、女性の国会議員、閣僚の割合が圧倒的に少ない。たとえば2020年9月に発足した菅内閣は、閣僚20人のうち女性は2人だけ。閣僚全体の平均年齢は60歳を超えていた。対照的に、北欧フィンランドで2019年末に誕生した連立内閣では、34歳の女性であるマリーン首相をはじめ19人の閣僚のうち12人が女性である。日本では閣僚全体でも女性議員は1人か2人、衆議院議員に広げても10％程度と、いずれも世界最低レベルにある。人口の約半分は女性なのに、代表者が1割しかいないのでは民主主義とは言えない。女性の声を反映できない社会であることは、さまざまな場面に影響を及ぼしている。

たとえばコロナ禍では、学校の一斉休校が突然決まり、子育てしながら働く母親たちが対応に追われた。また、一人当たり10万円が支給された定額給付金は、個人でなく世帯主に振り込まれたことで、DV被害を受けている女性が受け取れないこともあった。いずれも、女性を取り巻く環境や子育ての現実に対する想像力の薄さがあらわれている。女性議員や閣僚の数が多ければ、こうした決定の前に議論や配慮がされた可能性はある。

2019年12月に発足したフィンランドの連立内閣の各党首。中央がサンナ・マリーン首相（Laura Kotila, CC BY 2.0）

なお、女性リーダーが増えないことは政府だけの責任ではない。菅内閣の閣僚に女性が2人しかいなかったことで、多くの大手メディアは「政府は女性活躍をかかげるが口だけ」と批判した。それはその通りだが、全国の新聞社の女性管理職の割合は平均で10％にも届かず、内閣や国会議員の女性割合よりさらに低かった。❖9 ジェンダー平等を実現するためには、政府だけでなく社会のあらゆるセクターが、意識としくみを変える努力をする必要がある。

課題は女性の人数だけではない。社会の中で刷り込まれたジェンダーにまつわる偏見も深刻だ。「ジェンダー」とは、生物学的な性別をあらわす「セックス」とは異なり、社会的・文化的につくられた性別を意味する。「男性は仕事」「女性は家庭」といった役割分担や、「男なら泣くな」「女の子はかわいらしく」といったステレオタイプの考えなどがこれに当てはまる。

現実には、一人ひとりの個性に応じて、適した仕事や役割は違う。日本で当たり前とされてきた性別ごとの価値観は、社会で固定化された役割や慣習によって刷り込まれたものでしかない。それを**「無意識の偏見＝アンコンシャスバイアス」**と呼ぶ。日本社会では女性の社会進出をめぐり、男性だけでなく女性の側にもこうした偏見が根強くあり、本質的な変化が生まれにくかった。

２０１８年に、複数の医大の入試で、女子受験生の点数を意図的に切り下げていたことが発覚した。重大な女性差別と言えるが、女性医師も含む現役医師たちからは「ある程度理解できる」との反応も少なくなかった。理由としては、女性が結婚や出産で離職し、それによりただでさえ医師不足の現場に負担がかかることなどがあげられた。たしかにコロナ禍になる以前から、寝る間もないほど長時間労働が当たり前になっている病院もあり、厳しい現場の本音のあらわれではあるだろう。しかし、その発想にも「無意識の偏見」が含まれている。「家事や育児は女性がやって当たり前」という偏見である。日本では夫婦共働きであっても、家事や育児は主に女性が担うことが前提とされてきた。そのため、出産や育児のために長時間労働ができない女性はキャリアを続けられなくなるケースが多い。

今回の入試における不正は、医療現場の現実を踏まえての判断だったと考えられるが、現実に合わせるために不正を行うのではなく、持続不可能な現場の常識やしくみを変える努力をするべきだったのではないか。ひとつの病院で対処するのは難しくても、医療業界全体の声として政治に働きかけることはできるはずだ。
同様のことは他の職業についても言える。同じ医療現場では、看護師は圧倒的に女性の割合が高い。彼女たちは、医師と同じように過酷な労働条件で働きながら、家事や育児を当然のように求められ、多大な負担がかかっている。看護や介護といったエッセンシャルワーカーの多くが女性であり非正規である。コロナ禍で明らかになったように、そうした仕事は社会にとって不可欠な存在でありながら、多くの女性が低賃金や不安定な状態で働いている。その構造は差別的である。ジェンダーギャップ改善のためには、意思決定の場に女性の数を増やすだけでは不十分で、偏見に基づいてつくられた構造そのものを問い直すことが必要とされている。

❖8 世界経済フォーラムが毎年発表するグローバルジェンダーギャップ指数（The Global Gender Gap Index：GGGI）。２０２０年版は19年12月に発表。
❖9 ２０２０年３月、新聞労連などでつくる日本マスコミ文化情報労組会議（ＭＩＣ）が発表した、新聞、テレビ、出版業界94社の女性管理職比率の調査より。

男性のためにもジェンダー平等を

「女性リーダーを増やすべき」と言っても、しくみを変えず、たんなる数合わせをするだけでは社会は変わらない。役職者の何％といった目標ありきで、お飾りのように女性を登用するのでは、Ｓ

ＤＧｓウォッシュと批判されても仕方がないだろう。日ごろから女性が働きやすい環境をつくることに加え、その役職に欠かせない経験や知識を無理なく身につけられるよう、ステップを踏んで養成するシステムをつくることが欠かせない。

　女性の社会進出に積極的な企業のひとつは、大手菓子メーカーのカルビーだ。カルビーでは、女性従業員のキャリア研修や、家庭と仕事の両立のためのさまざまな補助制度づくりを推進。能力が同じなら女性を優先して登用する方針に切り替えたことで、女性管理職の割合は２０１０年の６％から20年の20％へ上昇した。この方針を批判する声に対し、伊藤秀二社長は「女性が４割いるなら、管理職も４割いるのが当たり前。女性に下駄を履かせているという批判があるが、もともと下駄を履いていた男性に脱いでもらっただけ」と話す。[10]

　２０１９年には、大手企業を会員とする「30% Club Japan」が発足した。[11] 企業、メディア、大学、金融機関など55の組織のトップが加盟、２０３０年までに女性役員の割合を30％にすることをめざす。現在、加盟企業の経営者は男性ばかりだが、そのような企業が具体的な数値目標をかかげて行動を始めたことには意義がある。女性の能力を活用できていないことは、企業や日本社会にとっても損失だ。複数の調査で、**女性幹部が多くいる企業は、女性幹部のいない企業よりも業績で上まわっているとの分析もある。**

　若者のあいだでは、ＳＤＧｓに貢献する企業への関心が高まっている。２０２０年に就職が決まった学生へのアンケートでは、65％の学生が企業の社会貢献度の高さが志望度に影響したと答えた。また、「まったく影響しなかった」と答えた学生はわずか7％だった。[12] さらに、女性が働きやすい企業やダイバーシティ（多様性）を重視する企業は、女子学生にはもちろん男子学生にも人気だ。個人が大切にされ、女性が働きやすい企業では、男性も働きやすい。今後は、**ジェンダーや多様性を大切にしない企業は若者から選ばれなくなってくるだろう**。

政治参加についてはどうか。北欧のスウェーデンは男女の議員がほぼ同数となっている。スウェーデンの選挙はすべて比例代表制で、どの政党も候補者リストを男女交互に並べるため、当選者も男女がほぼ同数となる。法律で決まっているわけではなく、そうしなければ、たとえ保守政党であっても有権者から支持を得られないためだという。一方、かつては日本以上に女性議員の少なかった韓国では、２０００年から比例代表などで候補者の一定比率を女性に割り当てるクオータ制を導入した。それにより、１９９６年の３％から２０２０年の17％に増加した。

２章で取り上げたように、２００３年に日本政府は「女性リーダーを２０２０年までに30％程度に増やす」と目標をかかげたが、達成できず先送りされた。できない理由は、漠然と目標をかかげるだけでしくみを変えてこなかったからだ。本格的に変えたいのなら、努力目標ではなくクオータ制などを導入し、具体的な数値目標や、達成できなかった企業や政党へのペナルティ、定期的なモニタリング体制などをひとつずつ決めていく必要がある。

学生の就職先の話でも述べたように、「無意識の偏見」が根強い社会は男性にとっても息苦しい。「稼ぎ頭」「弱音を吐くな」といった、男性に求められる理想像からプレッシャーを受け続けるからだ。働き盛りの男性の自殺率が高いことや、就職氷河期世代の男性の多くがひきこもりになっていることなども、その偏見を反映しているのではないだろうか。性差による偏見にとらわれないジェンダー平等の社会は、女性のためだけでなく、男性にとっても幸せな社会につながる。

一部の大手企業では、自分がどれくらい無意識の偏見に縛られているかを測るテストや研修などを通して、仕事や部下との接し方を見つめ直す試みも始められている。ジェンダーにまつわる偏見は、筆者も含めて多かれ少なかれ誰もが持っているものだ。まずは、自分の中に刷り込まれた偏見に気づくところから始めてみたい。

❖10 「朝日新聞」２０１６年10月3日朝刊。

❖11 イギリスで創設された「30% Club」は、企業の女性の役割の向上を通して持続可能な社会をめざす世界的なキャンペーン。２０２０年10月現在、世界14カ国に広まっている。

❖12 「キャリタス就活２０２１　就活生の企業選びとＳＤＧｓに関する調査」より。

4 教育

世界一多忙な教員と「批判的思考」

教育は、個人の能力向上に欠かせないだけでなく、社会全体の発展や課題解決にも大きく貢献する。そのためＳＤＧｓでは、教育に大きな重点が置かれている。ここでは、教員の労働環境と教育の質にまつわる課題を取り上げる。

ＳＤＧｓのゴール４（質の高い教育をみんなに）を実践するためには、質の高い教員の存在が欠かせない。しかし、日本の教員をとりまく環境は課題だらけだ。図4-1は、ＯＥＣＤ各国の教員の仕事時間の比較である。これは、日本の教員が世界一多忙であることを示している。**「過労死ライン」とされる月80時間以上の時間外勤務を行う教員は、小学校で約3割、中学校で約6割に上る**[13]。ところが、**授業やその準備のために費やす時間はOECDの平均以下**で、雑務や生徒指導、部活動などの課外活動に忙殺されていることがわかる。

残業代も支払われないことから[14]、日本の公立学校はブラック企業のようだとの指摘もある。全国の公立学校では、ほぼ毎年約5000人の教員が精神疾患（うつ病など）で休職している。[15] そうした複合的な理由により、教員は子どもたちに向きあう時間を十分にとることができない。教師が心身ともに健康に働けない状況で、子どもたちに十分なケアや学びを届けられるだろうか。

図4-2は、教育の質を問いかける。各国の授業で「批判的思考（クリティカルシンキング）」を扱う割合を比較した調査で、日本は圧倒的な最下位である。[16] 批判的思考とは、たんなる非難や否定とは違う。いまの社会で常識とされている考えも含めて問い直し、論理的・合理的に検証する態度のことだ。それは、正解のない問題にどう向きあうかという姿勢とも関係する。

これまでの日本の教育システムでは、正解のある問題をいかに効率よく解くかが優先され、正解のない問題を考える課題が出されることはほとんどなかった。しかし、社会に出て向きあうのは正解のない問題ばかりだ。批判的思考を身につけることは、社会性やコミュニケーション、自立した人間としての生きる力を養うことにもなる。

文部科学省は、日本の教育に欠けている「批判的思考」や「主体的で対話的な学び」を養うため、学習指導要領を改訂。中学では2021年度から、高校では22年度から実施される予定だ。それ自体は悪いことではないが、教員があまりに多忙なため、従来の学習方針ですら、工夫を凝らした授業を展開する余裕がない。そのうえ教員自身がまともにトレーニングを受けていない新しい指導を一方的に上から求めることは、現場の負担を増やすだけにならないだろうか。新しい指導を実りあ

図 4-1　教員の仕事時間（中学校）

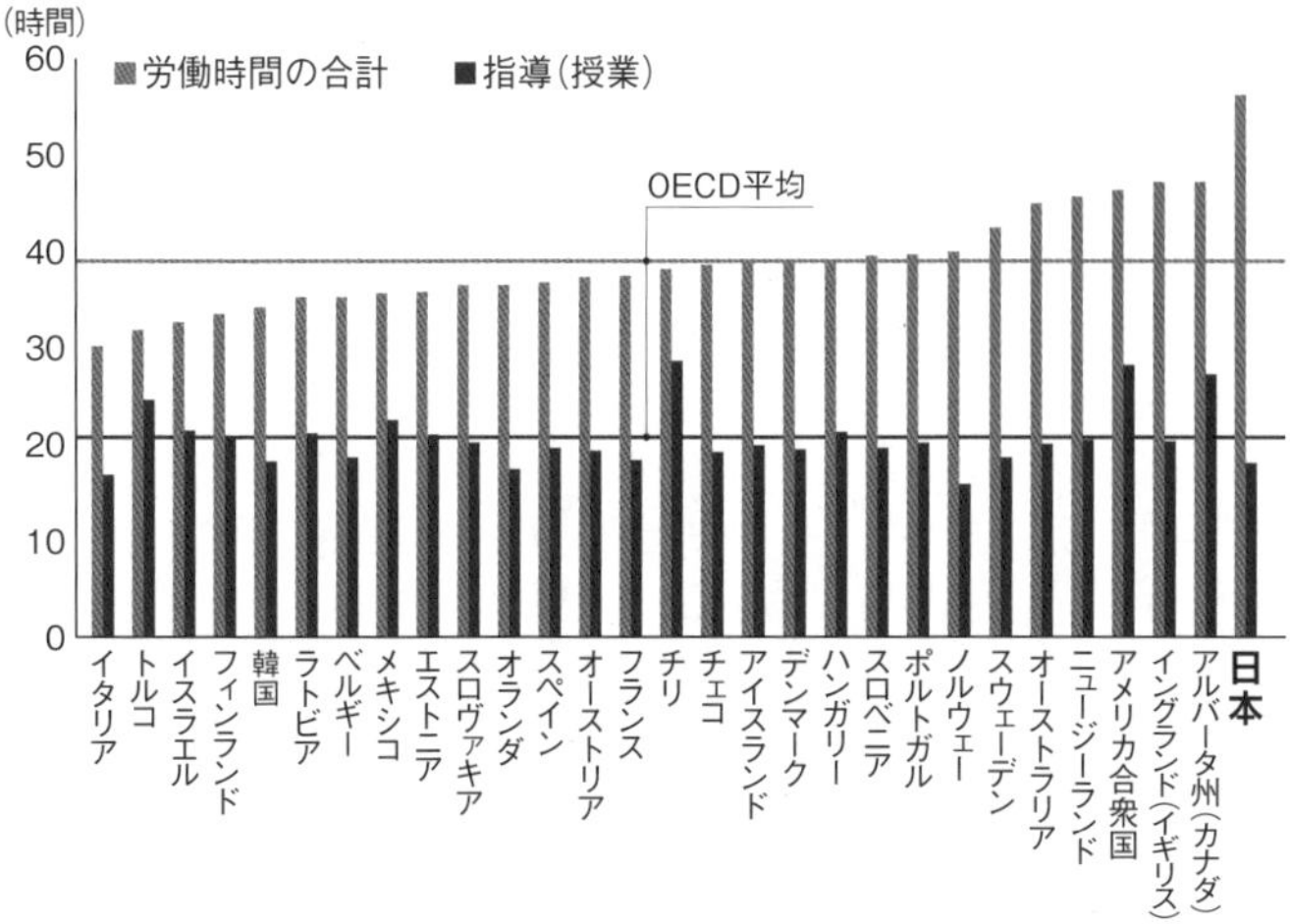

（出典）OECD, TALIS 2018 より OECD 加盟国を抜粋（一部の国は調査不参加）

図 4-2　授業で「批判的思考」を扱う割合（中学校）

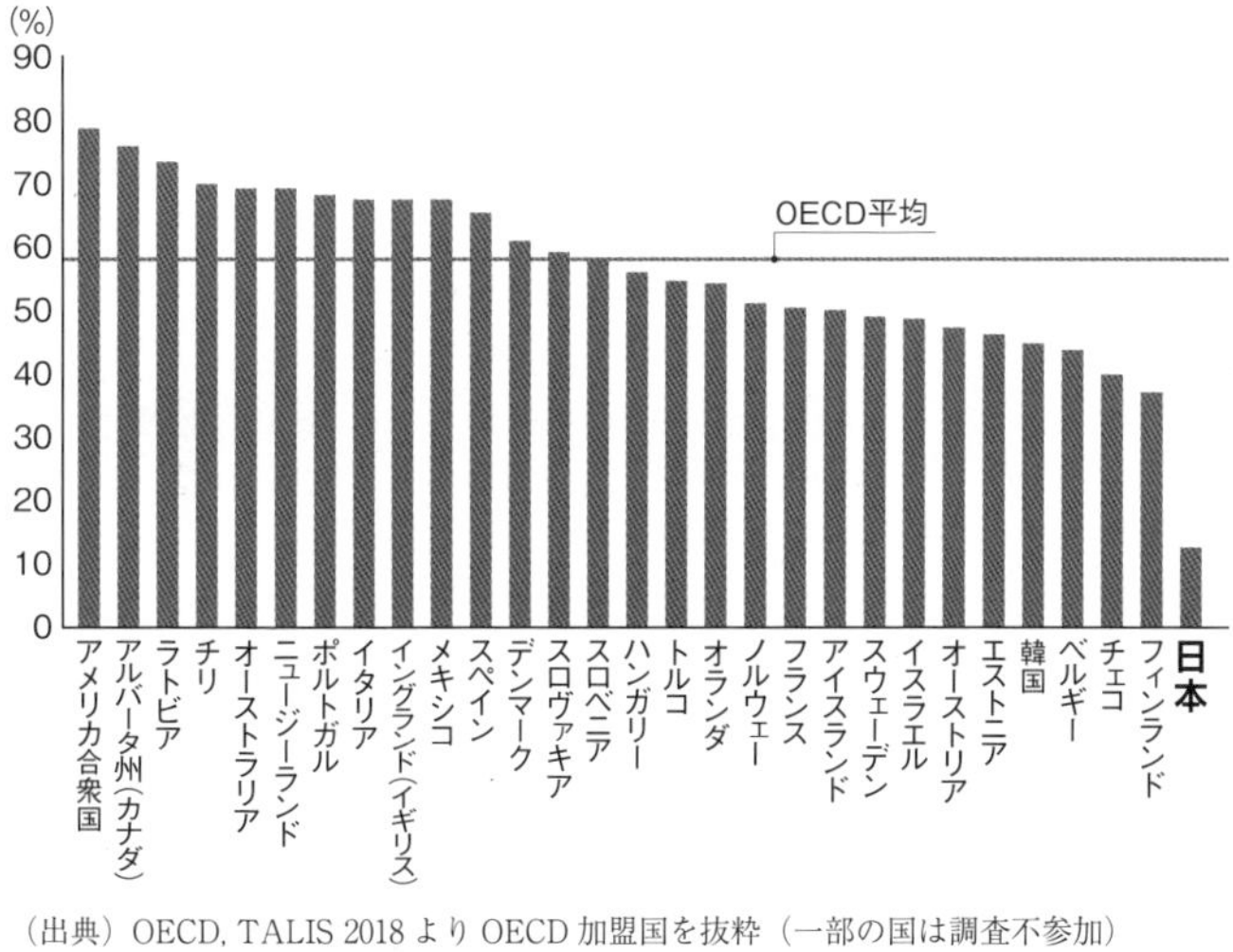

（出典）OECD, TALIS 2018 より OECD 加盟国を抜粋（一部の国は調査不参加）

るものにするのなら、教員数の不足や、労働環境の整備なども合わせて改革する必要がある。

❖13 文部科学省の教員勤務実態調査（２０１６年）より。
❖14 教員の残業代が支払われない根拠に給特法（公立の義務教育諸学校等の教員職員の給与等に関する特別措置法）という法律の存在がある。
❖15 文部科学省による公立学校教職員の人事情勢の状況調査（２０１８年）より。
❖16 ＯＥＣＤ「ＴＡＬＩＳ ２０１８」より。

海外の教育現場に学ぶ

教育関係者向けの研修などを実施する組織「Demo」代表で、教育ファシリテーターの武田緑さんは、こうした状況に一石を投じようと活動する。武田さんは、日本の学校では、子ども自身が権利の主体であることが意識されていないと感じている。

国際規約として定められている「子どもの権利条約」では、子どもには大人を対象とした人権規約ではカバーできない、特有の権利があるとされる。たとえば、成長段階の人間として「守られる権利」や「遊ぶ権利」などを持っている。また、子どもはコミュニティの一員として「自由に意見を表明し、主体的に活動する権利」がある。しかし、日本ではこうした権利が、教師のあいだでもあまり認識されているとは言えない。

とくに重要な意見表明権（13条）については、むしろ円滑な学校運営や周囲との調和を理由に抑止される傾向にある。世界9カ国の18歳を対象にした意識調査[17]では、「自分で国や社会を変えられると思う」と答えた日本の若者は18%と、圧倒的な最下位（9位）だった。8位の韓国でも40%あることを考えると、**日本の子どもだけがダントツに無力感を感じている**という結果になる。これは教師や親などの大人自身も、自分たちの意見が社会に反映されているという実感が持てないこととも関係しているだろう。

その象徴がコロナ禍による全国一斉休校である。科学的根拠もないまま内閣の都合によって突然決められたうえ、子どもの意見を聞くような場はまったく設けられなかった。欧州やニュージーランドなどでは、休校について首相が子ども向けの記者会見を行い、丁寧に答えていた姿勢とは対象的だ。

Demoの活動の中で、教育関係者からとくに高い評価を受けている取り組みが、教員や学生を対象に、国内外の教育現場を訪れるスタディツアーだ。北欧やオランダでは、先生が一人で話し生徒がノートをとるという一方的な授業はあまり見られない。ディスカッションや社会で起きていることの調査など、生徒自身が考えて進める体験型学習が重視される。既存の情報を鵜呑みにするのではない「批判的思考」も求められている。

ツアーに参加した日本の教員が強く印象づけられるのは、北欧やオランダの教育の中心に「子どもの権利」と「民主主義」があることだという。子どもの権利は、幸せや豊かさ（ウェルビーイング）

オランダのイエナプラン学校の、輪を作って話しあう「サークル対話」のようす
（提供：Demo）

と言い換えてもいい。

もちろん日本の学校も、子どもの幸せを重視していないわけではないだろう。しかし、それはむしろ「将来の幸せのために、いまは我慢しなさい」という教育になりがちだ。北欧やオランダでは違うと武田さんは言う。

「**子どものいまも将来と同じく大切で、『子どもには子ども時代を謳歌する権利がある』と考えられています**。民主主義についても、子どもがしっかり自分の意見を大人に主張するように育てています。それが生きる力になるし、公教育のミッションととらえている。これには、日本の先生たちは本当に驚きます。日本で『自立』というと、他人に迷惑をかけずに、経済的にひとり立ちすることと考えられているので」

武田さんは、これまでツアーに参加した教育関係者どうしのネットワーキングの場をつくり、学校現場で子どもの権利が大切にされるようなきっかけづくりを広めていきたいとしている。
教員自身が日本以外の国の教育にふれることは、クリエイティブな授業を進めるうえでも重要だ。現在、こうしたツアーに参加しているのは情報感度の高い教育関係者が中心だが、公《おおやけ》のしくみで海外の実践から学ぶ研修の機会やネットワーキングの場を増やしていけば、ＳＤＧｓの求める質の高い教育にも結びつく。また、教員がこうした学びの機会に参加しやすくするためにも、労働時間や人員、子どもと接する時間を確保できるよう業務内容を見直すなど、国や自治体による教員をめぐる環境の整備が不可欠になる。

❖17　２０１９年に日本財団が実施した「18歳意識調査」。インド・インドネシア・韓国・ベトナム・中国・イギリス・アメリカ・ドイツ・日本の17〜19歳、各１０００人を対象に行われたもの。

5 災害対策

日本の避難所は難民支援の基準以下

災害対策は、ＳＤＧｓのすべてのゴールとかかわっている。大規模災害が起これば人々の生活や街の機能は破壊される。被災により生活手段を失えば貧困状態におちいり、健康への影響も出てしまう。避難生活では水やトイレ、エネルギーへのアクセスが限られ、避難所では女性、外国人や障害者などのマイノリティへの配慮が後回しにされることも多い。とくに近年の災害の激甚化の背景には気候変動がある。自然災害が多く、毎年膨大な人的・経済的被害を受けている日本では、ＳＤＧｓを語るときに欠かせないテーマだ。

災害にかかわる多くのトピックの中でも、本書では避難所を中心とした被災者をとりまく住環境について取り上げたい。

これまで、災害時の避難所では、学校の体育館に雑魚寝するといった状況が続いてきた。プライバシーはまったくなく、断熱性のない建物の室温は外気温に大きく左右される。とくに女性や小さ

図 5-1　育児中の女性が避難所の生活で不安・不便に感じたこと

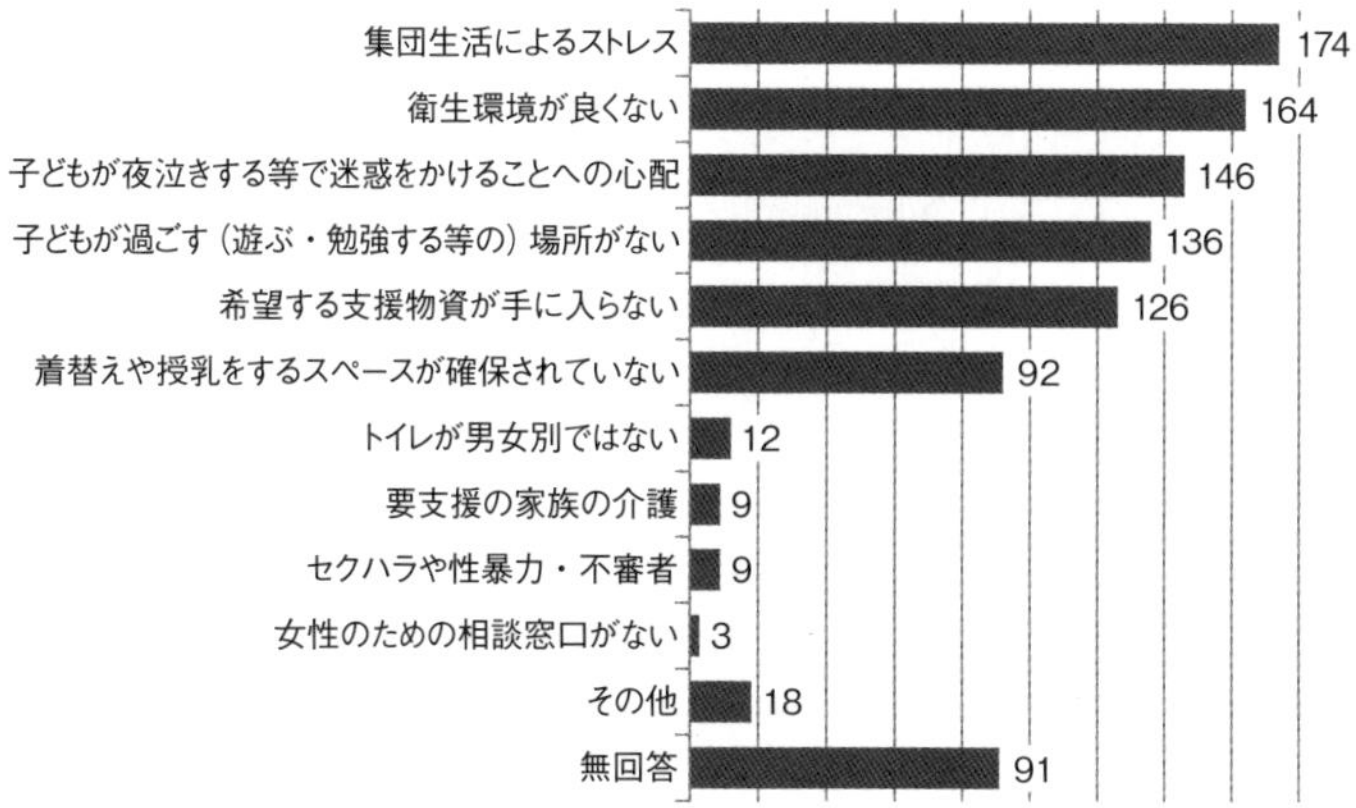

（出典）熊本市男女共同参画センターはあもにい「熊本地震を経験した『育児中の女性』へのアンケート報告書」（2018 年 3 月）。1 人三つまで回答

図 5-2　災害時の避難所で改善が急がれる課題（全国の自治体へのアンケート）

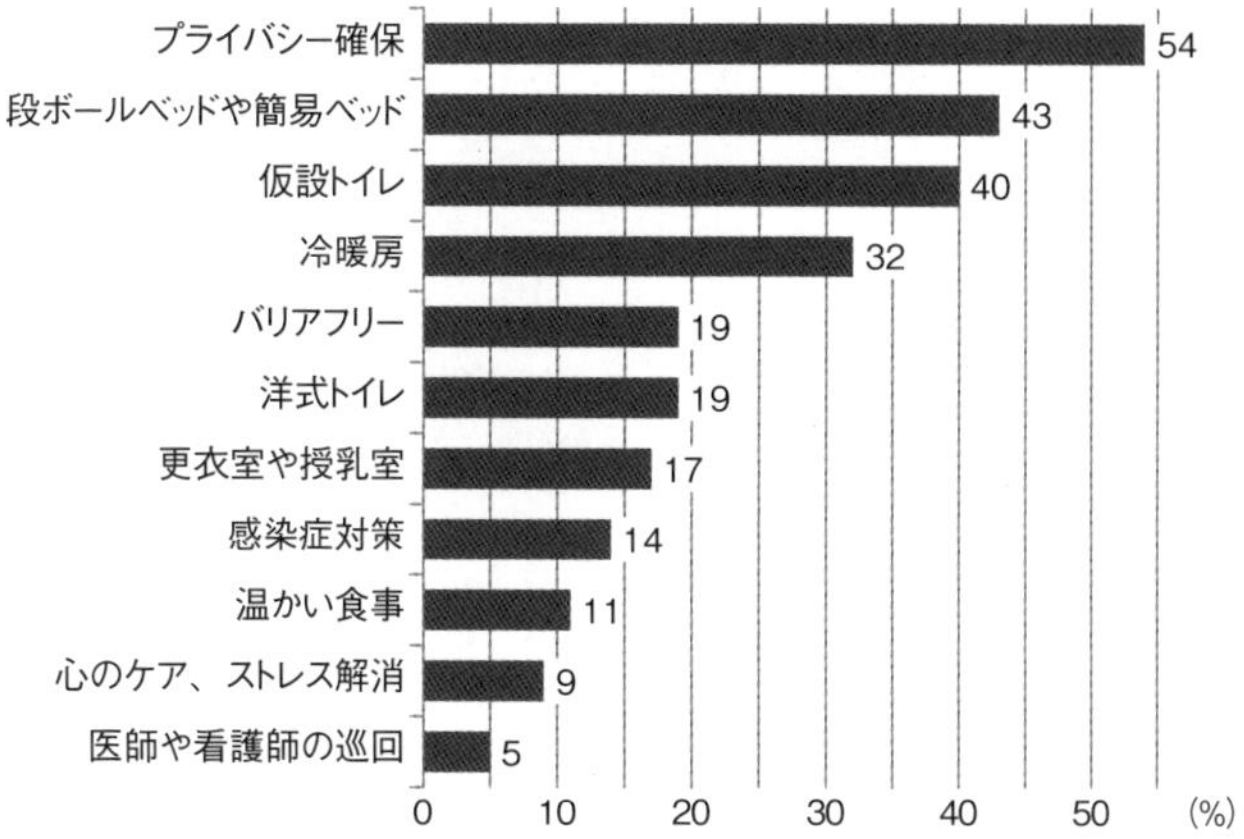

（注）避難場所での生活環境を「改善すべき点がある」と答えた 1619 市区町村、複数回答
（出典）共同通信社による全国の自治体アンケート（2020 年 2 月）

な子どものいる親、障害を持つ人たちやその家族への肉体的・心理的負担は重く、結果的に車中泊や危険な自宅にとどまらざるをえない人も多い。また、避難所やその周辺で性暴力や子どもへの暴力が多数発生していたことも明らかになっている。[18] 避難所の劣悪な環境は、ただでさえ厳しい状況にある避難者を、心身ともに痛めつける環境になってしまっている。

国際的には、被災者を支援する最低限の人権基準として「スフィア基準」がある。それに照らせば、日本の避難所の環境はあまりに過酷で、難民支援の基準以下だと指摘されてきた。中でも、体育館などの床に直接寝ることはリスクが高い。舞い上がったほこりを吸って感染症が拡散しやすくなるからだ。布団文化のある日本では、仕方なく受け入れられてきたものの、世界では第二次大戦の時代からベッドを使うことが常識となっている。

こうした課題の改善は、内閣府防災担当や医療機関、支援団体なども求めてきたが、国をあげた体制づくりは進んでこなかった。しかし2020年のコロナ禍を受け、国が自治体に感染症対策の徹底を求める通達を出したことで、結果的に避難所運営の意識や環境に変化が生まれつつある。

たとえば避難所内での密集を避けて、人とのスペースを最低2メートル空ける、居住空間の境に仕切りを設ける、床に直接寝ずに段ボールベッドを導入する、裸足でなくスリッパを履くなどといったことが徐々に実施されるようになっている。また、そもそも避難所に人が密集することは感染リスクを高める。そのため、「災害時にはまず避難所へ」というこれまでの誤った常識を変え、分散

2018年の西日本豪雨で設置された、岡山県倉敷市真備町の避難所
（提供：ピースボート災害支援センター）

避難が勧められるようになった。国の指導のもと、自治体がホテルや旅館などを避難所として使えるよう準備したり、住民の側も、親戚や知人宅への避難ができるようあらかじめ相談しておくことを勧められている。コロナ前から言われてきた避難所の環境改善が、皮肉にもコロナ危機によってようやく最低基準に近づいてきている面がある。

とはいえ、一人当たりの間隔を空けると、避難所で過ごせる人数はかなり制限される。さらに大都市では、避難所のキャパシティがもともとまったく足りないという根本的課題もかかえる。仮に全住民が避難したら、多くの地域で現在の指定避難所だけではとうてい足りなくなるからだ。

避難所だけではなく、その先の仮設住宅にも問題が多い。一般的なプレハブ式仮設住宅の住環境は劣悪で、暑さや寒さに加え、冬季には大量の結露でカビが発生し、高齢者などが肺炎にかかりやすくなる。被災者をとりまく住環境の改善は、まだまだ始まったばかりと言えるだろう。

❖18　東日本大震災女性支援ネットワークによる「東日本大震災『災害・復興時における女性と子どもへの暴力』に関する調査報告書」などより。

人としての尊厳を重視するイタリアの避難所

避難所の環境をどうするべきか。防災の専門家として、自治体にもアドバイスをしているあんどうりすさん（アウトドア防災ガイド）は、日本と対照的な海外の避難所としてイタリアの例を取り上げる。地震や水害をはじめ、たびたび大きな災害に見舞われてきたイタリアでは、災害が起きると48時間以内にテントやベッド、トイレや食事を提供することが国に義務づけられている。

まず冷暖房が完備された空間に、8人用テントが一家族につきひとつ用意される。プライバシー確保はもちろん、ベッドが人数分確保されるのも常識となっている。食事はキッチンカーが運び込まれ、プロのシェフが温かい手料理を提供する。一週間後にはフルコースが振る舞われることもあるという。コンビニのおにぎりとパンばかりが続くこともある日本の避難所とは大きな違いだ。

またイタリアの災害支援では、支援に慣れた専門チームが派遣されて被災者への支援にあたる。

日本では、被災した自治体の職員みずからが心身をすり減らして災害支援の業務を行っているが、イタリアでは「被災した自治体職員もまた被災者である」との配慮から、被災者支援業務は原則として行わない。

仮設住宅もまるで違う。日本の仮設住宅は原則2年と期限が定められているため、次に住む場所が確保できないまま退去を求められることが問題となっている。東日本大震災の場合は特例で10年近く住んでいる被災者もいるが、粗末なつくりのため劣悪な居住環境に耐え続けなければならない。イタリアの仮設住宅は、最初から10年近く暮らせるように建てられている。家具やソファ、キッチン、収納などは備え付けで、一見すると普通のアパートと変わらない。被災者にかかる負担の差は段違いだ。

イタリアの災害支援やスフィア基準でもっとも大切にされていることは何か。あんどうりすさんは言う。「スフィア基準については、トイレの数や人との距離などの数字に注目が集まりがちですが、大切なのは数字ではありません。**『命さえあればいい』というレベルにとどまることなく、人として尊厳を保つ避難生活をサポートしていくことです**」

避難所をめぐる環境は、日本でも行政職員や支援団体、医師などが現場で献身的な努力を重ね、少しずつ改善されてきている。また2020年5月には、内閣府の男女共同参画局がスフィア基準の理念を反映した新しいガイドラインを作成。防災関係者から画期的と評価されている。しかし男女共同参画局から発信されたことで、自治体によっては「男女の話」であると誤解され、せっかく作ったこのガイドラインが現場で十分に活用されるには至っていない。

今後は、自治体を中心にこのガイドラインに沿った防災政策を実現することで、現場だけに過度な負担をかけずに、被災者の人としての尊厳を保つサポートにつなげていくことが求められている。また、政府もガイドラインの作成にとどまらず、その円滑な実現のために自治体を積極的に支えるしくみをつくる必要があるだろう。

6 エネルギーと気候変動

日本の石炭火力はクリーン？

「我々は石炭でＳＤＧｓに貢献します」。一般財団法人石炭エネルギーセンター（ＪＣＯＡＬ）の広告には、黒光りする石炭の写真をバックにＳＤＧｓのロゴマークが並ぶ。石炭関連産業の業界組織である同センターは、日本のエネルギー安定供給のためには、これからも石炭が欠かせないと主張。

さらに、世界一の技術である「クリーンコール＝きれいな石炭」を、石炭依存度の高い途上国に輸出することで環境問題に貢献していると述べる。

これは明らかなSDGsウォッシュだ。そして、こうした石炭産業のウォッシュを許してきた背景には、日本政府のあいまいなエネルギー政策がある。

気候変動対策のため、エネルギー由来の温室効果ガス排出量のうち多くを占める石炭火力発電所の削減は、国際的に最優先事項とされる。パリ協定に従えば、先進国は２０３０年までに石炭火力を全廃する必要がある。国連のグテーレス事務総長も、２０２０年以降は新設をやめるべきだと呼びかけている。いったん新設されてしまうと40〜50年間は動かし続けることになるからだ。

ところが、先進国の中で日本だけが石炭火力発電所を新設し続けてきた。政府は福島原発事故の後、足りなくなった電源を補おうと石炭火力の新設を許可。２０１１年以降に稼働した発電所はすでに19基で、さらに20基近くが建設予定となっている。日本の電力消費量における石炭火力の割合は２０１８年時点で32％だが、**このまま新設が続けば２０３０年には37％にまで増加する**ことになる。

しかし、石炭業界がアピールするほど日本の技術は「クリーン」ではない。あくまで、旧式に比べればCO_2排出量がやや少ないというだけだ。新型でも削減率は３％から８％程度、コストが高額な最新設備でも16％程度で、いずれにせよ同レベルの天然ガス発電所に比べ２倍以上のCO_2を排出する。

国際社会から激しい批判を受けて、２０２０年７月に環境省は石炭火力の新規輸出の停止を宣言した。さらに経済産業省も、２０３０年までに国内にある旧式石炭火力の９割にあたる１００基を削減すると発表した。廃止にいっさいふれてこなかった政府の姿勢に変化がみられたことは評価できる。

しかし、この問題を調査してきた国際ＮＧＯ「気候ネットワーク」は、「この発表により政府が脱石炭に舵を切ったとは言えない」としている。理由は、古い発電所は出力が小さく数が多いのに対し、新規に建てられたものは大規模だからだ。「９割」や「１００基」という数字にはインパクトがあるものの、実際の設備容量では全体の２割にすぎない（図６−２）。２０２０年現在、すでに石炭火力を全廃した国は58カ国、また２０３０年までに全廃を宣言する国も多い。世界の多くの国が全廃をめざすなか、「うちは10年かけて２割だけ減らします」という態度では、とても環境を重視しているとは言えないだろう。

２０２０年10月、菅首相は政府として初めて、２０５０年にカーボンニュートラル（CO_2排出実質ゼロ）をめざすと表明した。続いて11月には衆議院で「気候非常事態宣言」が可決された。気候変動対策への決意を示す同様の宣言は、欧州を中心にすでに１０００以上の国や自治体が表明している。❖[19] こうした動きにより、日本の脱炭素の動きが加速する可能性はある。しかし、どのような道筋で達成しようとしているかはまだはっきりしない。政府はこれまでも「２０５０年までに80％削

図 6-1　主要国の再エネ導入率推移および導入目標

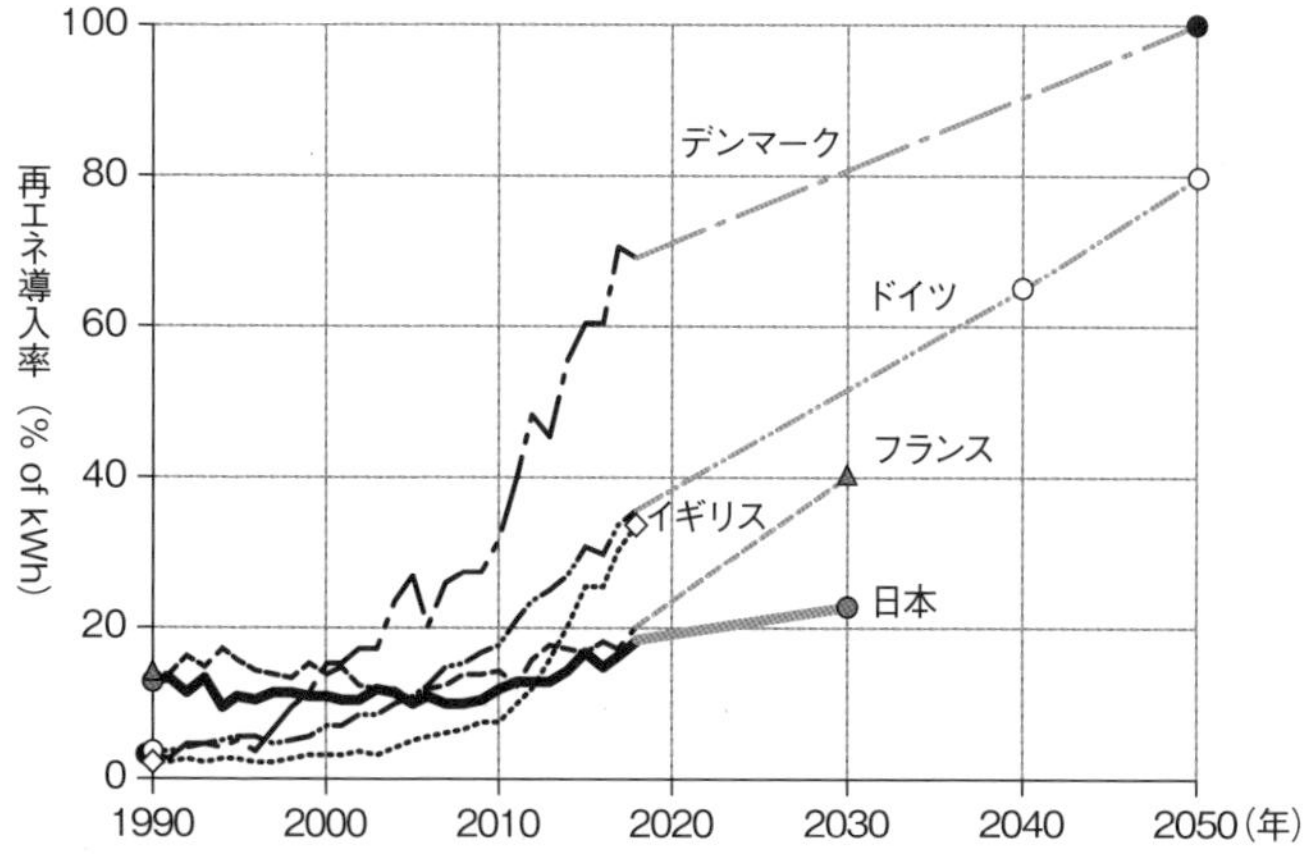

（出典）実績：Eurostat,"Share of Energy from Renewable Sources－updated August 27, 2020"
目標：REN21"Renewables 2020 Global Status Report"
安田陽氏（京都大学特任教授）作成のグラフを一部修正

図 6-2　非効率石炭 100 基休廃止の意味

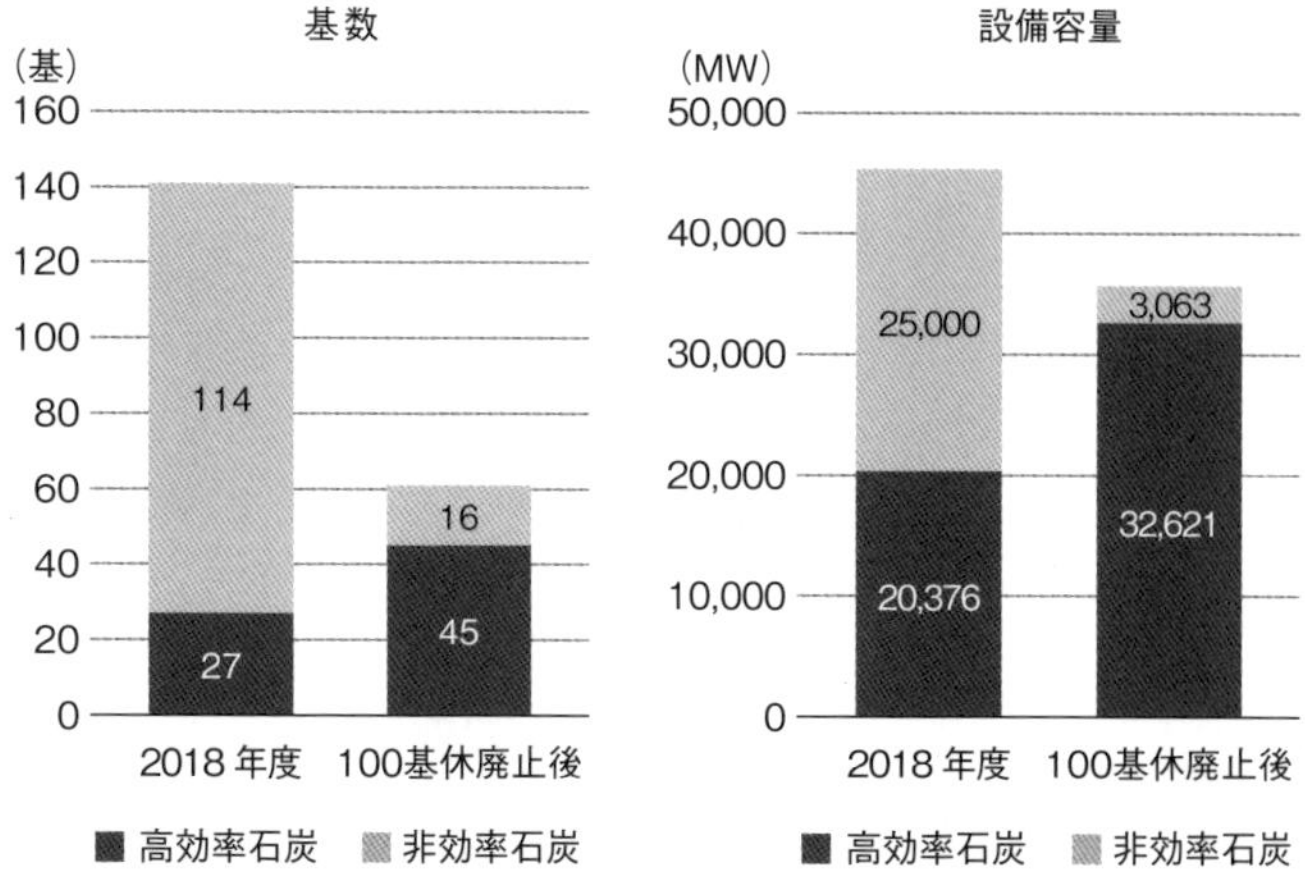

（出典）気候ネットワーク「政府方針『非効率石炭火力発電 100 基の休廃止』に関する考察
脱石炭にはほど遠い「石炭の長期延命策」であることが鮮明に」2020 年 7 月

減する」としてきたが、目標を達成するための道筋や具体的な政策が議論されることはなかった。政治家や官僚にとって、自分が政府の役職にいないであろう30年後の数字など、重要ではなかったからだろう。同様に、再生可能エネルギーの導入についても、日本政府のかかげる目標はきわめて消極的だ（図6-1）。

しかし、このような態度をいつまでもとり続けるわけにはいかない。まずは、2021年夏に改定が予定されているエネルギー基本計画で、石炭火力や再エネの扱いがどうなるかで本気度が試されることになる。また、2030年の温室効果ガスの削減目標値を、現在の低い目標のまま据え置くようであれば、カーボンニュートラルの達成はきわめて難しくなるだろう。[20] 日本は激化する自然災害により気候変動の影響をもっとも受けている国のひとつである。[21] 脱石炭へのシフトには一刻の猶予もない。

❖19 気候非常事態宣言……国や自治体、組織などが気候変動の危機を認め、その効果的な対策を重視することを宣言するもの。統一の条約のようなものではないため、具体的に何を実施するかについては宣言した主体によって異なる。

❖20 従来の政府の2030年度の温室効果ガス削減目標は、2013年比でマイナス26％というもの。

❖21 ドイツのNGO「ジャーマンウォッチ」によると、2018年にもっとも気象災害の影響を受けた国は日本とされた（183カ国中）。

石炭の隠されたコスト

原発も石炭もだめなら、日本の電力はどう供給するのかと懸念する声もある。しかし心配はいらない。燃料が不要な再エネを増強し、化石燃料の中でもCO_2排出量の少ない天然ガス火力を組み合わせれば、当面は十分まかなえる。また、エネルギーの効率的利用や建築物の断熱などの省エネを徹底することで、消費エネルギーそのものを大幅に減らすことが可能だ。さらに長期的には、日本の電力需要は人口減少により減っていく。

日本での報道だけを見ていると、「天候に左右される風力や太陽光などの再エネは頼りない」と思い込んでいる人がいるかもしれない。しかし、風力や太陽光など変動する再生可能エネルギーの予測技術は進化し、すでに変動そのものがデメリットとは言えなくなってきている。

事実、2020年にはすでに**世界で発電された電力量の約3割が再エネになる**と想定されている（20年12月現在）。日本でのイメージとは異なり、再エネはいまや世界の主力電源になりつつある。コロナ禍の2020年は、世界的にエネルギー需要が過去70年間でもっとも大きく落ち込んだ。しかし、そんな中で唯一需要が増えたのが再エネである。なぜ再エネが選ばれるのか。環境面はもちろん、燃料が不要でコストが大幅に低下しているため、経済面でも有利な選択肢になっているからだ。この傾向はパンデミック以前から見られたが、コロナ禍で一気に加速した。

電源のコストの考え方についてもふれておきたい。これまでは石炭や原発が安い電源とみなされてきた。しかし現在では、コストの算出方法そのものが見直されるようになっている。たとえば化石燃料を燃やすことで、大気汚染や気候変動のリスクが高まる。そのコストは発電事業者ではなく、事業と関係のない別の人々が支払わされてきた。そうしたコストは**「外部コスト」**あるいは**「隠れたコスト」**と呼ばれる。これは他人に健康リスクを負わせたり、環境を破壊したりする度合いの大きさを示すものだ。電源のコストにこの外部コストも加えることが、国際的には一般的になりつつある。

石炭はこの外部コストがもっとも大きく、再エネはもっとも小さい。もちろん、再エネであれば何でも良いというわけではなく、設置にあたっての住民合意やアセスメントがいい加減であれば、再エネの外部コストも増えてしまう。しかし、だからといって環境負荷の高い石炭を推進すべきということにはならない。再エネを電源として選んだうえで、適切な設置の仕方をしていけばいいのだから。

コロナとグリーンリカバリー

国連や欧州では、コロナ禍により減少したCO_2排出量を一時的な現象にしてはならないとの声が強く、コロナ以前より持続可能な経済体制につくり変えるための枠組みづくりが進む。これが**「グリーンリカバリー（緑の回復）」**や**「ビルドバックベター（より良い復興）」**などと呼ばれるものだ。欧州では「グリーンリカバリー同盟」という非公式グループが結成され、気候変動対策を経済政策の柱とすることへの支持を打ち出した。同グループにはEU12カ国の大臣や欧州議会議員に加え、H&Mやユニリーバなど、37のグローバル企業のCEOや28の企業連合が署名している。またフランス政府は、コロナ禍で危機におちいった航空会社エールフランスを支援する条件として、CO_2排出量の大幅削減や、持続可能な代替燃料の導入などを求めた。以前と同じではいけないという危機意識に基づくこうした動きは欧州だけでなく、米国の民主党新政権やグローバル企業、カナダや韓国などでも取り組まれている。

では、日本政府はコロナ禍で何に力を入れたのかといえば、GoToキャンペーンである。コロナ禍により打撃を受けた観光業や飲食業などを救うことは大切だとしても、たんに経済を元に戻そうとする政策ばかりでは、コロナ以前より社会や環境が改善することはない。GoToも含めて、すでにコロナ禍の経済対策では200兆円規模の予算が使われたが（20年12月時点）、その議論の過程では「グリーンリカバリー」の単語すら登場しなかった。そこに国際社会との意識の差があらわれているのではないだろうか。

地域発の気候変動対策

国レベルの政策は心もとないが、自治体や民間企業は、すでに再エネを活かして気候変動対策を推し進めている。2050年までにカーボンニュートラル（CO_2排出実質ゼロ）をめざすと表明した地方自治体の数は、20年10月時点で161。また、宣言した自治体に住む人口の合計は日本の総人口の6割を上まわった。中には、宣言だけで政策がともなっていない地域もあるが、画期的な取り組みを実践する自治体もある。

先進的な環境政策で知られる長野県は、「長野県気候危機突破方針」を策定（20年4月）。徹底した省エネと大幅な再エネ設備の増加のほか、「県のあらゆる政策に気候変動対策の観点を取り入れる」として、県民や事業者への協力を求めている。県のこうした方針は突然決まったことではない。2013年ごろから県内の市町村や民間事業者らとともに、地域の再エネ普及策や建物の断熱化、家庭への省エネアドバイスなど、実践的な環境政策を積み上げてきた。だからこそ、県内のほとんどの市町村はこの方針に賛同し、共同で次の挑戦を始めている。

長野のような自然資源が豊かな地方とは異なり、再エネのポテンシャルが限られる都市部の自治体には何ができるのか。参考になるのは東京都世田谷区の取り組みだ。人口90万人を超える世田谷区は、長野県と提携して、同県が所有する水力発電の電気を世田谷区内の保育園や幼稚園、児童館

2019年9月、白馬村での気候マーチに集まった人々（提供：POW JAPAN）

など合計54カ所に送っている（20年2月時点）。両者のあいだをつなぐのが、世田谷区に拠点のある電力小売会社「みんな電力」だ。

みんな電力は、たんに電気を売り買いするのではなく、地方の再エネ生産者と都市部の電力消費者をつなぐことをコンセプトにする。合言葉は「顔の見える電力」だ。これからは野菜と同じように、電気もどこの誰がつくったものかがわかる時代になる。世田谷区はこうした取り組みを通じて、区内電力の25％を再エネでまかなう（20年10月現在）。

人口およそ９０００人の長野県白馬村では、若者の声が自治体を動かした。白馬村は世界的なスノーリゾートとして知られるが、近年の気候変動により積雪量が激減、降雪時期も遅くなっている。白馬高校に通う高校生たちは「１００年後もパウダースノーを白馬に残したい」と、２０１９年９月20日に気

再エネを使用して稼働する白馬八方尾根スキー場のリフト（提供：白馬観光開発）

候変動の危機を訴える「グローバル気候マーチ」を企画。また、村役場に気候非常事態宣言を出すことを求める署名を集めた。こうした活動により、同年12月に村は、日本の自治体としては3番目というスピードで気候非常事態宣言を出した。村は今後、２０５０年までに再エネ１００％をめざすことになる。村役場の担当者は「高校生の若い力が大きなきっかけとなった」と話す。

　雪の激減に危機感を持っているのは大人たちも同じだ。白馬エリアでスノースポーツに親しむ人々が、気候危機の問題に取り組む「ＰＯＷ ＪＡＰＡＮ(Protect Our Winters Japan)」を設立（２０１８年）。シンポジウムの開催や、スキー場やホテルなどへの脱炭素型のビジネスを勧める働きかけを行っている。スキー場の側でも、ＰＯＷと協力しながらリフトや降雪機、ナイター照明で使う電力を再エネに切り替えたり、省エネのため建物の断熱を検討する動きが出ている。

さらに、白馬村周辺のスキー場などが連携する「一般社団法人 HAKUBAVALLEY TOURISM」は、20年10月にSDGs宣言を発表。「2025年までにエリアすべてのスキー場（10カ所）で再生可能エネルギーへの切り替えを進める」という内容がかかげられた。

POWの事務局長を務める高田翔太郎さんは言う。「POWのパートナー企業のスキー場を中心に、すでに再エネへの切り替えは期待以上に進んでいますが、この宣言によって、点ではなくエリアとしての面の動きに広がることを期待しています」

小さな山村から大都市まで、気候危機に立ち向かうために、やれることはすべてやるという流れが生まれ、育ちはじめている。これは決して一過性のブームではない。

7 海洋プラスチック問題

海洋プラスチックが魚の量を超える

気候変動と並び世界を揺るがしているのが、海洋プラスチック問題だ。プラスチックは軽くて安く、丈夫で便利なので、この数十年間で生活のあらゆる面に根付いてきた。しかし、あまりに大量につくられたことで社会問題になっている。分解されず海に漂うプラスチックごみを、海洋生物や海鳥が誤飲したり、絡まるなどの悪影響が多数報告されている。

また、紫外線などで細かくなったマイクロプラスチックは、食物連鎖を通して人体にも取り込まれる。すでに世界中の人々が、毎週クレジットカード1枚分にあたる5グラムのマイクロプラスチックを摂取しているという試算もある。

プラスチックに添加されているさまざまな有害化学物質が人体に蓄積されることで、健康に影響を与える懸念もある。海洋に流れ込んだプラスチックごみの量は今後20年で10倍となり、**このままでは2050年には海にいる魚の重量を超えるという報告もある**。こうした事態を前に、各国は新

図7　プラスチック容器包装廃棄量

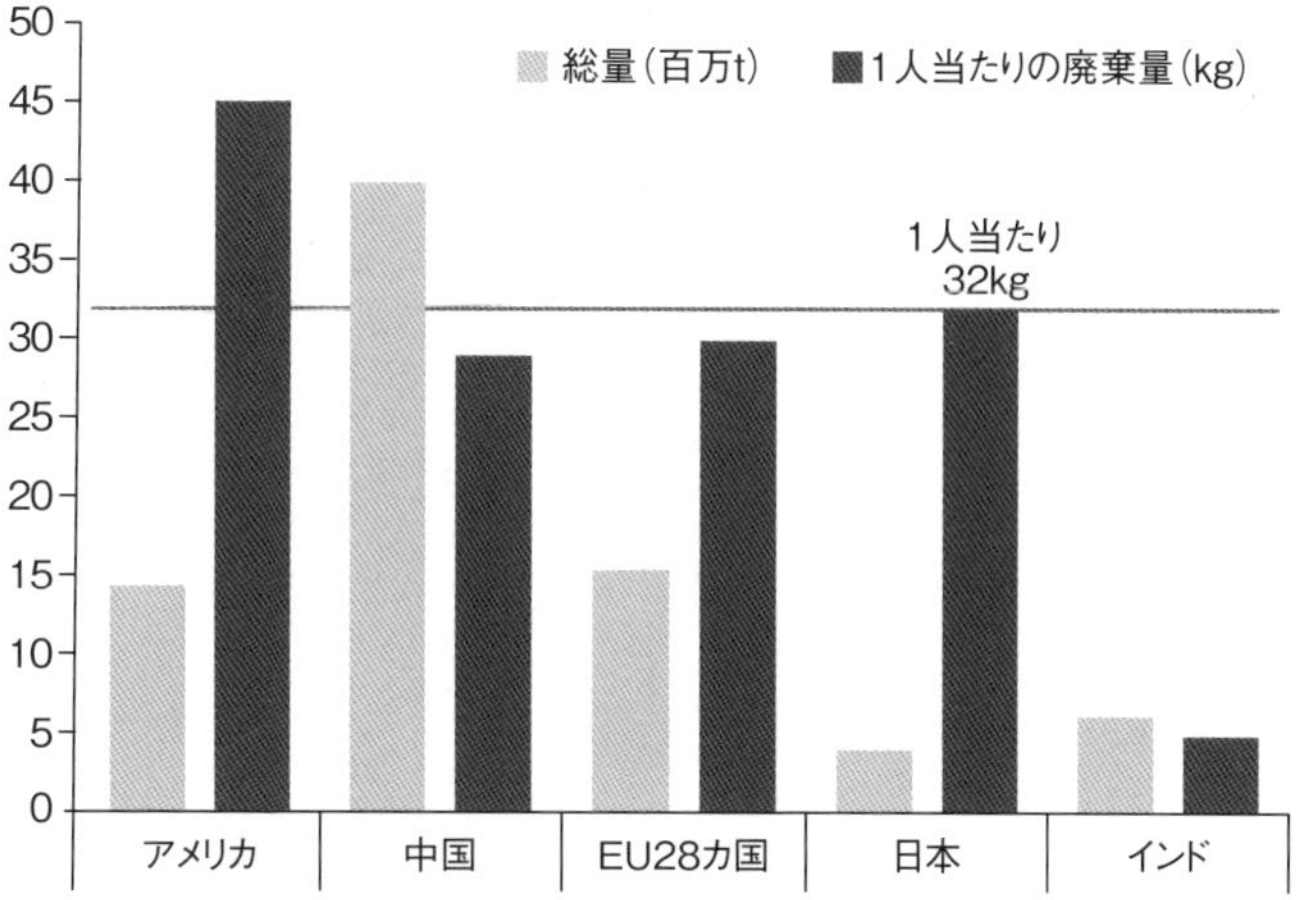

（出典）UNEP, "Single-use Plastics: A Roadmap for Sustainability" 2018.

しい規制に乗り出している。

日本の動きはどうか。国連などによれば、**日本のプラスチック包装ごみの一人当たりの発生量は、米国に次いで2番目に多い**（図7）。ペットボトルの生産量は年間約230億本で、年々増加傾向にある。日本では分別回収のしくみが整備されているため、回収率は90％以上に上っている。しかし母数が大きいため、未回収のペットボトルだけでも膨大な量になる。

また、回収したプラスチックの70％前後は「サーマルリサイクル」として焼却処分されている。サーマル（熱）リサイクルとは、物質をリサイクルするのではなく、焼却時に発生する熱を熱源や電力として再利用することをさす和製英語だ。

ところが、この方法では解決につながらないばかりでなく、別の問題を深刻化させる。まず、リサイクルという言葉の定義は、同じ形で何度も使えることを意味するはずだが、プラスチックはいったん燃やすと事実上元に戻せないため、**焼却は国際的にはリサイクルとはみなされない**。

2018年に行われたG7サミットでは、使い捨てされるプラスチックの削減が第一とした「海洋プラスチック憲章」が採択された。この憲章の採択後から、欧米では飲食系の大手企業によるプラスチック製ストローの使用などを見直す決定が相次いだ。削減できない分も、焼却処分ではなく、まずは同じ形のまま再利用することが推奨されている。

しかし日本はこの海洋プラスチック憲章に署名しておらず、政府と経団連は、いままで通りプラスチックを大量に生産しても、回収率を上げて焼却すればいいという立場をとっている。だが問題は海への流入だけではない。**プラスチックの原料のほとんどは石油なので、焼却処分はCO_2を排出し気候変動を悪化させる**。2章でふれたトレードオフの関係だ。SDGsの観点からすれば、焼却は総合的な解決策にはならない。

レジ袋規制の次はどうするのか?

使い捨てプラスチックの削減をめざし、日本でも2020年4月からレジ袋の有料化が始まった。これまで日本では年間5億枚というレジ袋が消費されてきた。これは世界平均の6倍に近い。事業者や消費者の中には有料化に反発する声もあったが、世界ではレジ袋の規制はもはや常識になりつつある。無料配布を規制・禁止している国はすでに60カ国に及び、日本は大きく遅れていた。今回ようやくそれに追いついたというにすぎない。

反発の中には、「重量でプラごみの2％に過ぎないレジ袋を規制しても効果はない」という批判もあった。しかし重量という物差しだけで環境影響は測れない。とくに、海洋生物がレジ袋を飲み込んだり、絡まって死んでしまう問題では、表面積や容積のほうが重要となるからだ。

実施が遅れたとはいえ、環境の専門家からは一定の評価をされているレジ袋規制。問題は、経済界の要望を受けて例外規定が設けられたことだ。厚手の袋は、何度も使えるからとの理由で除外された。またバイオ素材（25％以上）や海洋生分解性（１００％）の袋については、それぞれ燃やしたりゴミとなったりしても環境負荷が少ないといった理由から例外に選ばれた。

しかし、いずれも環境に放出されれば少なからず悪影響を与える。これらを対象外としたことで、以前と変わらず使い捨てを続けてもいいと消費者に受けとめられてしまえば、プラスチック問題は改善しない。本気でこの問題に取り組むならば、例外をなくし、レジ袋の使い捨て自体をやめる方向に向かうことが求められる。

レジ袋の規制は最初の一歩にすぎない。欧州連合（ＥＵ）では使い捨てプラスチックそのものを禁止、あるいは有料化する方向性を打ち出している。すでに、一度きりで使い捨てるスプーンやマドラーなどは禁止対象となっている。

これまで日本はプラスチック問題に対して、技術開発と人々の良心に訴えることで乗り切ろうとしてきたが、それだけでは限界がある。**プラスチックの生産量や使用量を抜本的に削減するための、経済的にインセンティブが働くしくみをつくる必要がある。**

ＥＵは２０１９年に企業への「拡大生産者責任」を義務づけた。拡大生産者責任とは、メーカーに生産からリサイクルまで、すべての費用の負担を義務づける制度だ。それにより各企業は、プラスチックの生産を削減しようと真剣に検討しはじめている。

それに対して日本では、処分やリサイクルにかかわる費用をメーカー側は一部しか負担せず、大部分が税金でまかなわれている。そのため、飲料容器ではくりかえし使えるガラス瓶より、軽量で輸送費の安いペットボトルが選ばれている。リサイクルまで含めた全体の費用では、ペットボトルよりもガラス瓶のほうが安く、環境負荷も低い。日本でも拡大生産者責任が適用されれば、ガラス瓶を選ぶメーカーが増えることだろう。これは、**啓発よりもしくみを変えることが重要であること**を示している。

なおガラス瓶の再利用については、生活クラブ生協やパルシステム、グリーンコープといった生活協同組合が、飲料や調味料の瓶を回収・洗浄して再利用するしくみをつくり、全国の生協に普及させてきた。こうした実践は、インセンティブの働くしくみを導入すれば、一般の事業者にも広げられる可能性を示している。

プラスチックの費用は、一般に考えられているほど安くはない。製品のリサイクルにかかる費用だけでなく、焼却処分の費用も無視できない。プラスチックごみを燃やしても大気汚染につながりにくい高性能焼却炉は、たとえば40万人規模の都市では建設費がおよそ100億円に上り、それが税金でまかなわれることになる。私たちはこれまで、**安いと思い込まされて大量のプラスチックを使用してきたが、本当は高くついていることになる。**

2019年に大阪で開催されたG20では、開催国である日本のリーダーシップで、2050年に海洋へのプラスチックごみの流出をゼロにする「大阪ブルー・オーシャン・ビジョン」を定めた。しかし、もっと大胆な政策転換をしなければ、日本がみずから定めた目標を達成できなくなる。

民間ではプラスチックごみ削減に向けた新しい動きもある。2020年に花王とライオンは、フィルム容器のリサイクル推進に向けて、企業の枠を越えて連携することを公表した。これまで各社が独自に開発していた複合素材からなるフィルム容器は、素材の違いが理由でリサイクルしにくいという課題をかかえていた。今後は共通の材料や容器を設計し、回収にも力を入れていくという。同じ業界の競合他社がリサイクルで協働することは、日本ではめずらしい。今後は従来の業界や自治体の枠を越えて、こうした取り組みを広げていくことが重要になる。

8 つくる責任つかう責任

違法伐採木材の輸入大国？

資本主義を支えてきた大量生産、大量消費、大量廃棄というしくみは、他方で環境破壊や人権侵害、資源の枯渇などを生み出してきた。ＳＤＧｓではそれを根本から変革しようと呼びかける。重視しているのは、入口（原料の調達）と出口（資源の利用と廃棄）を持続可能なものにすることだ。入口から出口までの一連の流れをサプライチェーンという。企業が「つくる責任」を達成するためには、このサプライチェーンで不正が起こらないよう、すべての行程で**トレーサビリティ（追跡可能性）**を高める必要性がある。

たとえば木材のトレーサビリティについて、日本は大きな課題をかかえている。日本には豊富な森林資源があるにもかかわらず、需要の7割を海外からの輸入材に頼っている。そして日本には、違法に伐採された木材や、違法とは言えないまでもグレーな木材を管理するルールがない。**原生林を皆伐した木材を含め、世界中からトレーサビリティのはっきりしない木材が日本に集まってきている。**

図8-1　総生産量に占める認証を受けた生産物の割合（世界全体）

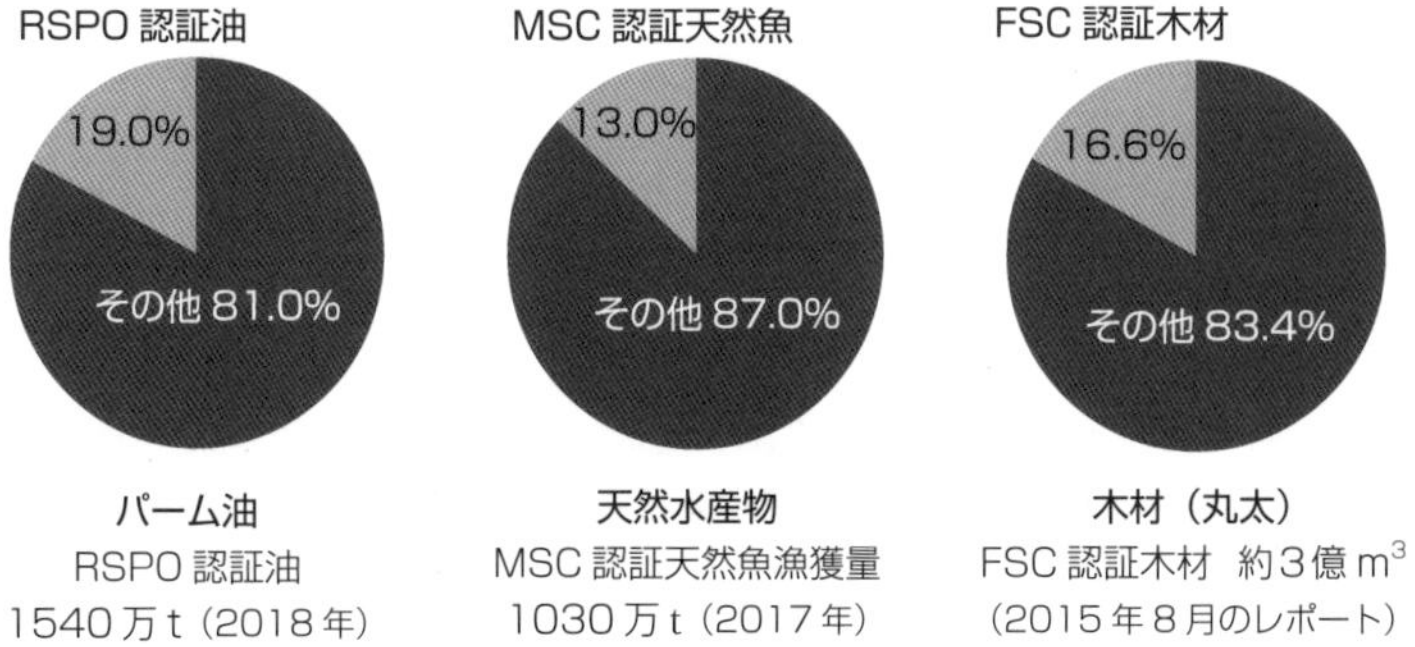

（出典）各認証機関のウェブサイトをもとに作成

日本政府のルールづくりが遅れる一方で、国際社会では合法木材を確認する制度が民間主導で普及している。専門の第三者機関がチェックし、原材料や製品の質を担保する「第三者認証制度」である。中でも国際認証のＦＳＣ（森林管理協議会）の認証は、基準が厳しく信頼性が高いとされる。

ＦＳＣは、責任ある森林管理を世界に普及させることを目的に、環境ＮＧＯのＷＷＦ（世界自然保護基金）や林業者、木材取引企業などが１９９４年に組織した非営利団体だ。ＦＳＣ認証を得るためには、木材の生産現場だけでなく加工、流通にかかわるサプライチェーンのすべての過程で審査を受ける必要がある。その際、審査や認証の発行はＦＳＣの組織ではなく、独立した第三者の認証機関が行う。

現在では世界中でＦＳＣ認証の紙の使用量が増え、価格は一般の紙との差がそれほどなくなってきている。ドイツでは、牛乳の紙パックやドイツ鉄道の切符など、身近な紙製品のほとんどに使用されているが、日本ではまだ一般的ではない。

しかし、日本でもＦＳＣ認証を積極的に活用している企業や自治体がある。林業では、三重県の速水林業が管理する森林が、日本で初めてＦＳＣ認証を取得した（２０００年）。製紙メーカーでは三菱製紙が２００１年にＦＳＣ認証を取得。自治体としては、山梨県や北海道下川町、岡山県西粟倉村など、森林利用に熱心な地域の森がいち早く認定を受けた。また２０１８年には、イオン、イケア・ジャパン、花王など大手７社が「ＦＳＣ認証材の調達宣言２０２０」を共同で発表。パッケージや包装紙でＦＳＣ認証材を利用する宣言をしている。

海のエコラベルと持続可能なパーム油

ＦＳＣのほかにも、国際的に評価の高い第三者認証がある。水産物については「海のエコラベル」と呼ばれるＭＳＣ（海洋管理協議会）認証だ。水産資源と環境に配慮して計画的に漁業を行うことで、海の生態系を守りつつ持続的に資源を利用することをめざす。同じく養殖の分野ではＡＳＣ（水産養殖管理協議会）認証がある。

ＭＳＣは水産関連企業のほか、日本生協連（日本生活共同組合連合会）、イオンなどの小売でも扱われている。また、神奈川県で和食料理店を展開する「きじま」が、２０２０年６月から日本の和食店で初となるMSC認証を受けた魚介類の提供を開始して話題となった。

パーム油については、RSPO（持続可能なパーム油のための円卓会議）の認証[22]がある。パーム油は加工食品に多く使われ、油の中でもっとも多く消費される。主な生産地であるインドネシアやマレーシアでは、プランテーションにより熱帯林の破壊や強制労働が行われてきた。この認証は、農園から加工工場まで、不正が行われていないかを審査するものだ。2020年現在、RSPOの認証油は国際流通量のおよそ2割程度を占め、日本でも2019年には加盟企業が157社になるなど存在感は増している。中でも、洗剤などの製造企業であるサラヤは、RSPOが設立された翌年（2005年）からいち早くRSPOの油を導入し、2019年には製品に使うパーム油の100%をRSPOに切り替えている。

こうしたトレーサビリティを担保する認証マークは、総称して「**サステナブル・ラベル**」とも呼ばれる（図8-2）。サステナブル・ラベルは、企業が持続可能な商品に付加価値をつけて販売する際のツールとなるだけでなく、一般の消費者にとって、そうした商品を見つけやすくするというメリットがある。

❖22　RSPOについては、固形物であるFSCとは異なりトレーサビリティの証明が困難な面もある。そのためNGOのあいだでもその信頼性について評価が分かれている。それでも、熱帯林の破壊や強制労働などの不正の監視、農園から加工工場まで審査するしくみが必要とされていることはたしかだ。

図 8-2　さまざまなサステナブル・ラベル

FSC® 責任ある森林管理のマーク

レインフォレスト・アライアンス認証マーク

OCS（ORGANIC CONTENT STANDARD）

MSC「海のエコラベル」

国際フェアトレード認証ラベル

GOTS：オーガニックテキスタイル世界基準

ASC　水産養殖管理協議会

有機 JAS（ORGANIC JAS LOGO）

RSPO：持続可能なパーム油のための円卓会議

「つかう責任」とエシカル消費

ＳＤＧｓは、企業側の「つくる責任」だけでなく、購入して使用する消費者の「つかう責任」も問いかけている。企業は消費者が買わないモノを作り続けることはできない。つまり、商品生産にともなう環境や人権の問題は、商品を選択する一人ひとりの消費行動から引き起こされているとも言える。

社会や環境に配慮した製品やサービスを選ぶことを「エシカル消費」という。エシカルとは「倫理的な」という意味だ。身近に思い浮かぶエシカルな商品といえば、オーガニック食品やフェアトレードのコーヒーやチョコレート、衣料品などだろう。日本でもそうした商品の消費量は増えてはいるものの、エシカル消費が一般的な欧州に比べると、まだ特殊なものという扱いになっている。たとえばフェアトレード認証製品の市場規模では、日本はイギリスの20分の1以下である（２０１７年時点）。

欧州では、消費者が意識的にエシカル消費を行ってきたことで、市場のあり方や企業活動に大きな影響を与えてきた。それがエシカルな商品の流通量を増やし、価格を下げ、より身近なものにするという好循環を生んでいる。たとえばイギリスでは、フェアトレード商品はどこにでもある身近な存在だし、デンマークではオーガニック野菜が入手しやすい価格で販売されている。そうした社会では、企業側も持続可能性を意識しないわけにはいかなくなる。

大手ハンバーガーチェーンのマクドナルドでは、フィレオフィッシュにMSC認証の魚を使用し、RSPOの油で揚げ、FSCの紙パックに入れて販売している。これはマクドナルドがとくに持続可能性に力を入れて経営してきたからではない。欧州の消費者のニーズを受けて、こうした動きを加速してきたのだ。同じマクドナルドでも、欧州ではMSC認証のフィレオフィッシュを2011年から販売していた。しかし日本で販売されたのは2019年末になってからだ。この8年の差は、欧州と日本の消費者の環境意識の差なのかもしれない。

日々の生活で実感することはあまりないかもしれないが、**消費者の行動には、投票と同じように社会を変える力がある**。その力を意識しながら、より良いものを主体的に選んでいくことが「つかう責任」を果たすことにつながる。

「買い物は未来への投票です」と語るのは、2017年に一般社団法人日本サステナブル・ラベル協会を設立した山口真奈美さんだ。同協会は、数ある認証の中からFSCやMSC、RSPOといった信頼性や透明性の高い第三者認証制度を選び、日本の企業や消費者に広める努力をしている。「私たち一人ひとりは、朝起きてから寝るまで、さまざまな製品やアイテムを使用しています。そして、それらの製品を買い物という投票行動を通じて入手します。商品選択をする際に、こうしたラベルは物差しのひとつとして役に立ちます」と山口さんは言う。

サステナブル・ラベルを利用する際には、注意すべき点もある。たとえば、認証の審査などに費用がかかるため、大企業のほうが導入しやすい面がある。中小企業の商品で持続可能なものがあっても、認証を受けていないケースはよくあることだ。また、認証がついてさえいれば総合的に持続可能な商品であると証明されるわけではないが、誤解されることもある。

逆に、ラベルがついていなくても持続可能な商品という場合もある。原料の調達先がはっきりしていて、企業と直接取引しているフェアトレード商品などは、ラベルがなくとも信頼できる場合があるだろう。ただ、認証があることで、違法伐採や人権侵害が行われていないということが第三者により、ある程度担保されることはたしかだ。各認証機関は、制度が完璧ではないことを認めつつ、抜き打ち検査の実施や、数年おきに基準や審査の方法を改定するなど、信頼性や透明性、精度を高める努力を続けている。

山口さんがめざすのは、認証ラベルに依存しなくてもいい社会の実現である。「**サステナブルな企業を応援する人たちが増えれば、企業もそうしたことを意識するのが当たり前になっていくはずです**。いずれは手にする商品や食べるものがみんなサステナブルである社会にしていきたいですね」

まずは、認証ラベルを通して、手にした商品の背景に関心を持つことから始めてはどうだろう。

◎井田徹治さんに聞く

日本は環境危機とどう向きあうべきか？

インタビューの2人めは、環境ジャーナリストの井田徹治さんである。40年近く国内外の現場を取材してきた井田さんは、日本でもっとも環境問題に精通した記者の一人だ。地球サミット（1992年）など、数々の歴史的な国際会議も現地で取材をしている。SDGsにも詳しく、日本企業などのSDGsウォッシュの動きには厳しい批判も辞さない。井田さんには、急速に悪化する環境問題との向きあい方や、行政や企業、個人がそれぞれのレベルですべきことについて伺った。

（インタビューは2020年11月に実施）

井田徹治（いだ・てつじ）

共同通信社編集委員兼論説委員。1983年共同通信社に入社、ワシントン支局特派員（科学担当）などを経て2010年から現職。環境と開発、エネルギーの問題を30年以上にわたって取材。アジア、アフリカ、中南米などでの環境破壊や貧困の現場、問題の解決に取り組む人々の姿などを報告してきた。気候変動枠組条約締約国会議など多くの国際会議も取材。著書に『ウナギ　地球環境を語る魚』『生物多様性とは何か』『霊長類　消えゆく森の番人』（以上、岩波新書）、『追いつめられる海』（岩波書店）など多数。

欧州と日本の環境意識の差

高橋——井田さんは40年近くにわたり、世界中の現場で環境問題を取材されてきました。この間、日本社会の環境意識は向上してきたのでしょうか?

井田——残念ながら大きく向上してはいません。90年代までは、ドイツより日本のほうがいくらいだったんです。でも、この30年間で圧倒的な差がついてしまった。欧州では、政治の世界でも環境がきわめて重要なものとして扱われています。ドイツのメルケル首相は環境大臣を経験しているし、スウェーデンでは環境大臣が副首相を兼ねています。でも日本では、環境大臣はきわめて軽い存在です。いくら小泉(進次郎)大臣が頑張っても、なかなか政府の政策にはなりにくい。

意識の差の原因のひとつは環境教育の違いにあります。欧州では、熱心な環境教育をこの30年以上やって、育った子どもたちがいま社会の中心になっています。だから政治家だけでなく経済界、メディア、教育者、NGOなどでも環境問題への意識やリテラシーはすごく高い。日本は欧州に比べ、圧倒的に気象災害の被害を受けているのに、なぜこんなに環境意識が低いままなのかと思います。

高橋——日本でも、主に経済界でSDGsが流行しています。メディアでも話題になることは増えているとは思いますが？

井田——ＳＤＧｓをきっかけに、分野によっては良い変化も生まれているし、メディアでも関連記事は増えました。でも大半は表層的なものです。期限まであと10年しかないのだから、バッジをつけるだけではなく、もっとＳＤＧｓの根本精神を実践してほしい。たとえば、経団連など経済界の多くでは「ウエディングケーキモデル」（32ページ）の重要性が認識されていません。スウェーデンのヨハン・ロックストローム博士が提案したこのモデルは、ＳＤＧｓの17のゴールが並列ではなく、基盤に環境があることを示しています。地球環境の制約の中でビジネスをするしかないというのは、いまや当たり前のことですが、日本ではなかなか共通認識にならない。

あとは「縦のつながり」と「横のつながり」です。ひとつを実現するために他を犠牲にしてはいけない。そのためには、ひとつのゴールやターゲットだけやって満足していてはだめで、全部同時にやることをめざさないといけません。難しいことだけど、だからこそ大転換（トランスフォーム）なんだという理解がされていない。このままでは、２０３０年になって、こっそりとＳＤＧｓバッジを外す人たちが出てくるのではないでしょうか。

「2050年カーボンニュートラル」の達成は?

高橋——そんな中、日本政府は2020年10月に「2050年にカーボンニュートラルをめざす」と宣言しました。これをどう評価されているでしょうか?

井田——もちろん、悪いことではありません。背景には、新政権としての目玉政策が欲しかったことや、中国が先に2060年にカーボンニュートラルをめざすと宣言したことへの対抗心、そしてアメリカ大統領選で気候変動対策に熱心なバイデン氏が勝ちそうだと判断したことなどがあったと考えています。とにかく、言った以上は国際公約になるので、しっかり実現してほしいですね。

パリ協定では、産業革命前からの気温上昇を1・5℃以内に抑えるよう努力することを目標にしています。すでに1・1℃上がっているので、達成はものすごく大変ですが、やるしかありません。それには最低でも2050年にカーボンニュートラルを達成する必要があります。必要となるのは、それを実現するために、2050年までに何をして、直近の目標をどう立てるのかという細かいタイムテーブルの設計です。また、早急に炭素税を導入するなどスピード感のある政策実現も欠かせません。これまで日本は、将来の目標を立てるだけで、こういう設計をしてきませんでした。あと30年あるからとのんびり構えていては、まったく実現できないでしょう。

高橋——脱炭素を理由に、原発再稼働の動きもあります。

井田——それを心配しています。原発を重視するという認識がなければ、経産省や経団連が宣言にＧＯサインを出すことはなかったはずです。まずは停止中の女川《おながわ》や柏崎刈羽《かしわざきかりわ》原発などを再稼働させ、次に建設中の三つの原発（島根、大間《おおま》、東通《ひがしどおり》）を動かそうと考えているでしょう。しかし、大量の核のゴミを次世代に押しつける原発は、まったくサステナブルな電源ではありません。

高橋——そうしたことが、国民的議論がないまま決まるプロセスも問題ですね。エネルギー政策に限りませんが、北欧では社会の大方針にかかわる議題は、開かれた場で、みんなで議論されています。

井田——日本では、国民の意見が政策に反映されることがほとんどありません。２０２１年に定められる次のエネルギー基本計画をどうするのか、経産省と環境省の委員会が動き出しています。しかし、いままでと同じ審議会形式になり、事実上、密室で決められたことが国の目標になってしまいかねません。国会ではほとんど議論されず、役所と産業界の一部が裏取引のように決めるやり方は日本の悪いところです。こんなことを続けていては、エネルギー政策だけでなく民主主義にとっても良くありません。ＳＤＧｓが求める「大転換」を実現するなら、議論の仕方から変えていく必要があります。

新型コロナと「フードクライシス」

高橋――新型コロナのパンデミックの一因には環境問題があると言われています。私たちの社会は、これからどんなことに気をつけていけばいいのでしょうか?

井田――新型コロナをはじめとする動物由来の感染症は2000年代以降に急増しています。理由のひとつは、野生動物と人間の接触の機会が増えたからです。気候変動により動物の生息域が変わったことや、熱帯林の破壊が影響しています。たとえば中国の野生動物市場では、大量の肉が売り買いされている。またアフリカなどでは、熱帯林の開発により森の奥地に大勢の労働者が送り込まれ、彼らの食事のために森の野生動物が捕獲され食べられています。これは「ブッシュミート(野生動物から得る食肉)」と呼ばれ、大きな問題になっています。

そこには、日本に暮らす人々も大いに関係しています。たとえば、森林を破壊して得られた木材やパーム油が日本に大量に輸入されています。荷担しないためにはトレーサビリティを証明する認証制度などが重要です。また、日本はアジア最大の「エキゾチックペット[*1]」の輸入国です。この問題に詳しい感染症研究者は、エキゾチックペットを大量輸入している日本は、新たな感染症が広がるリスクが高いと指摘しています。さらに、誰もがかかわっている最大の問題は、現代の食のシステムです。とくに、持続可能性への配慮なしに生産された安い食用肉がたくさん輸入されている現状を考え直さないと、環境破壊とパンデミック拡大に歯止めはかかりません。

高橋——肉食を全部やめようというのはすぐには難しいかもしれませんが、優先順位は、まずは牛肉からということでしょうか。

井田——肉を食べる量を減らし、植物ベースのタンパク質に転換していくことが大切です。牛肉は優先度が一番高い。ただ、日本国内の和牛産業や酪農はそんなに破壊的なものではないのです。問題は、アメリカのように工業的に生産された肉です。豚や鶏も含め、工業的な肉を減らす必要があります。それは結果として、国内の和牛産業や酪農を支えることにもなります。

肉食が増えてきた結果、現在、地球上の哺乳類の生物量の60%を家畜が占めるようになっています。これに次ぐのが人間（36%）で、野生の哺乳類は4%しかいません。これだけ限られた種類の牛や豚が、ウイルスや菌の宿主である野生動物のすぐ近くで大量に飼育されることで、動物由来の感染症を広める格好の条件ができてしまいました。生物多様性がない世界では、感染症が拡がりやすいのです。

日本ではほとんど知られていませんが、欧米ではこうした食のシステムがもたらす危機は「フードクライシス」と呼ばれています。食のシステムをサステナブルなものにしなければいけません。コロナ禍はそれを見直す機会になるはずです。

＊1　エキゾチックペット……明確な定義はないが、犬や猫など長年人間のペットとして飼われてきた動物以外の、海外から輸入されためずらしい野生由来の動物のこと。

地域内の資源循環

高橋――肉の話に象徴されるように、コロナ禍ではグローバル経済システムの課題がさまざまな面で浮き彫りになりました。地域の重要性が高まっているのではないでしょうか。

井田――まさに、希望は地方自治体にあると考えています。自治体レベルでやれることがたくさんあるからです。いまは、地域が主体的にしている取り組みはエネルギーが中心ですが、食やプラスチックなども地域内の資源循環という視点でとらえ直すべきです。

たとえば、自分の地域でも食糧をつくれるのに海外から牛肉を買うと、お金は地域から出ていきます。しかも、チェーンの焼肉店が繁昌すると、そこで使われるお金も県外に出ていってしまいます。プラスチックなんてもっとひどい。大手メーカーのペットボトルで水を飲むと、地域外にお金が出るだけでなく、自治体の水道事業が赤字になる。さらに自治体にはゴミとしてペットボトルが残り、処理費用を支払わされる。燃やせばCO_2も増えるので、地域には負担ばかりかかるしくみです。

参考になるのは、アフリカのルワンダが２００６年にレジ袋を禁止にしたことです。それまでプラスチックを外国から輸入していましたが、紙袋なら国内で造れるため転換しました。おかげで国内の紙袋産業はすごく成長しました。地域でできることを考えれば、地元にお金が落ちて雇用も増えます。これからはエネルギーだけでなく、いろいろな資源を地域循環させる視点が大切になります。

高橋――北海道ニセコ町で誕生した、自治体と民間企業が設立したまちづくり会社（4章参照）は、そのような地域内資源循環の部分も担っていこうとしています。

井田――そのような動きが広がることが、世の中のためになります。そして、自治体の取り組みをスムーズに進めるためにも、やはり国の制度変更が重要となります。たとえばプラスチックについては、企業が自治体や環境に押しつけている外部コストを支払っていないことが問題なので、もっとコスト負担をさせる制度に変えるべきです。欧州ではすでに、プラスチック製品を造る企業には炭素税に加えて新たな税金を課し、逆に代替品を造る企業には補助金を出すなど、社会や環境にかかる負担と企業の責任を調整しています。日本ではまだ、消費者個人に罪悪感とか、よけいな負担を負わせることが多いのです。それよりも、経済的なインセンティブとディスインセンティブが働くしくみをつくって企業を誘導することが、変革への近道です。

高橋——最後に、一般の消費者にできることを教えてください。

井田——僕はよく「ボイスとチョイス」と言います。たとえば、認証制度などを活かして少しでも環境にいいものを選ぶことはできる。また、再エネを供給する電力小売会社を選ぶこともできるようになりました。ただ、あらゆる分野で選択肢が不十分です。だから、「もっとチョイス（選択肢）を増やし、対策をとってくれ」と、企業や政治家にボイス（声）を伝えることがより大切です。世界中の若者たちがデモをしているのは、そういうことです。しかし、「若い人は頑張ってね」ではいけません。地球環境を悪くしてきたわれわれの世代に責任があるのだから、落とし前をつけなければいけません。これからの10年間が、本当に勝負なんですから。

インタビューを終えて

現在のあらゆる社会問題の中で、もっとも急を要するのが環境危機だ。気候変動や海洋プラスチック、生物多様性の減少などが複雑に絡みあいながら急速に悪化し、その原因をつくった人類自身を追い詰めている。世界規模で起きている環境破壊の一因には、私たち日本に暮らす人々の日々の暮らしも確実にかかわっている。3章では、それに対して個々人の意識だけでなく、社会のしくみを変えることの重要性を強調した。井田さんが提案する炭素税の導入なども、まさにしくみを変える話だ。新しいしくみの導入は、既存のルールで利益を得ている人々からは激しく反発される。政治家はその反発を恐れ、大胆な改革に踏み切れない。しかし、いまの世界において、これまで通りにやろうとすることはリスクを増やすだけでしかない。私たちがすべきことは、世界の先行事例を参考にしながら、創造的な挑戦をし続けることだ。もちろん、安易な解決策はない。だからといって「あきらめる」という選択肢は残されていない。次の世代がどのような世界で生きることになるかは、私たちのこの10年の行動で変わってくるのだから。

4章

パートナーシップで貫く七つの実践例

前章では、個々の課題とそれに対応する取り組みを紹介した。この章では、ＳＤＧｓの本質的な考え方に沿って活動しているユニークな実践事例を詳しく紹介したい。

ここで取り上げる七つの活動は、一見すると関連性が薄いように見えるかもしれない。しかし1章で紹介したドイツの団地再生の事例のように、ひとつの課題に対してひとつの対処を行うのではなく、複数の課題に対して総合的な解決をめざす点で共通している。また、従来の枠組みにとらわれず、さまざまなセクターと連携しながら、既存の常識や価値観を変えていっている点も重要だ。現代の複雑化した社会問題は、ひとつの団体だけ、あるいはひとつの対処法だけで解決できることはほとんどない。このような取り組みこそ、まさにＳＤＧｓが重視する「パートナーシップ」を実践していると言えるだろう。

内容は、以下の七つの取り組みである。

①貧困問題に取り組むＮＰＯ（もやい）

②有機農業を通じて地域の水田を復元する自治体と農業者（千葉県いすみ市）

③地域住民、行政、自然保護団体が連携して山林を活用する地域活性化事業（群馬県みなかみ町の

赤谷プロジェクト）

④サステナビリティの次を見据えて行動を続ける外資系化粧品会社（ラッシュ）

⑤本業で社会課題の解決をめざす中小企業（大川印刷）

⑥空き家問題やゴミ問題解決のため若者が立ち上げたソーシャルベンチャー（リビルディングセンタージャパン）

⑦エネルギーを軸に取り組む、複数の自治体と民間事業者によるまちづくり（岡山県津山市、宮城県仙台市、北海道ニセコ町）

各事例の冒頭には、関連する主なＳＤＧｓのターゲットとその概要を三つずつ挙げている。ひとつめの番号はゴールで、次がターゲット番号という関係である。もちろん、それぞれの活動に関連するターゲットは三つだけではないが、幅広い分野をカバーしていることの参考にしてほしい。

実践例 1

誰一人取り残さないために生活困窮者を支援 NPO法人もやい

プロジェクトに関連する

SDGsの主なゴールとターゲット

●ゴール1（1.3）

すべての人々への最低限の生活水準の達成を含む適切な社会保護制度や対策の実施　など

●ゴール3（3.8）

すべての人々が、経済的リスクに対する保護、質が高く不可欠な保険サービスを受けられること　など

●ゴール11（11.3）

だれも排除しない持続可能な都市化を進め、参加型で差別のない持続可能な人間居住を計画・管理する能力の強化

食料支援で炊き出しを提供する（提供：NPO法人もやい）

SOSが出しづらい社会

コロナ禍で生活困窮者が急増するなか、SDGsでもっとも大事なコンセプトである「誰一人取り残さない」を実践する団体がある。「NPO法人もやい(舫)」は、日本の貧困問題を社会的に解決することをめざし2001年に創設された。東京を拠点に、年間4000件以上の生活困窮者への相談支援を行いながら、現場からの情報発信、居場所づくりの活動、さらに政府や自治体への政策提言など、幅広い取り組みを続けている。

活動の過程では、貧困問題に関心を持つ弁護士や医師など専門家との連携を続けてきた。たとえば、民医連(全日本民主医療機関連合会)とは、保険証を持たない人でも治療を受けられるようにするしくみをともに考案してきた。

もやいの理事長を務める大西連《れん》さんは、コロナ禍のもとで生活相談の件数が、前年の同じ時期と比べて2・5倍ほどに増えたと言う(2020年9月時点)。「もともと困窮しやすい状況にある方たちだけでなく、貧困の手前にいた人たちの収入が激減し、困窮するようになりました」。もやいでは、他団体と連携して食料配布などの緊急支援を行ってきたが、生活困窮者は増え続け、対応が追いつかない状態になっている。

活動の中でとくに力を入れてきたのは、生活保護などの公的支援を利用できるよう行政とつなげる支援だ。もやいに相談に来る人の多くは、生活保護を受けることを恥ずかしいと感じていたり、窓口で人格を否定されるのではないかという不安をかかえている。他方、行政の窓口ではコロナ禍により業務が手一杯となり、十分な対応ができていない。その中で、どうしても取りこぼされてしまう人もいるという。そこで、もやいのような支援団体のスタッフがつきそい、生活保護の受給やその後の生活再建についての手続きをサポートしている。

大西さんは、本来なら、自分たちのような支援団体のサポートがなくても公的支援が機能する社会にしていきたいと語る。そのためには、3章でもふれたように、生活保護をめぐる社会の認識が変わる必要がある。

「生活保護を受けることは、年金や健康保険と同じように法律で認められている権利です。年金の場合、支払った以上にもらっている人がいても、『社会に養ってもらって恥ずかしい』とはなりません。**メディアや教育も含めた社会的な意識のあり方が、制度との距離を遠ざけ、SOSを出しにくい社会にしてしまっているのではないでしょうか**」(大西さん)

住まいのしくみを変える「アパート型シェルター」

もやいは、新しい公的支援のあり方を提言するだけでなく、行政にモデルとしてほしい事業をみずから実践している。大きな柱のひとつが、住まいにかかわるものだ。貧困状態で住まいを失うと、次の住まい探しはきわめて難しくなる。アパートを借りる際には、初期費用や安定した仕事、さらに収入や連帯保証人、そして身分証明書の掲示などが求められ、用意できない人は入居が困難だ。そこでもやいは、困窮者の連帯保証人や緊急連絡先を引き受けてきた。その数は２０１７年時点で、のべ約３０００世帯となる。また、２０１８年にはＮＰＯ法人として全国初となる不動産仲介業の免許を取得。物件の調査や不動産屋との交渉など、住まい探しのサポートを直接行っている。しかしそれでも、収入が不安定な当事者や、生活保護受給者などの入居を嫌がる大家は少なくないため、簡単には進まないという。

また、これまでの公的支援では、住まいが見つかるまでの一時的な宿泊先として、公的施設や民間の簡易宿泊所などが案内されてきた。しかし一部の施設では衛生環境などが劣悪で、都内では相部屋のところも多い。また個室であっても、隣室との境がベニヤ板一枚だったり、トイレや風呂、食堂などが共用のところが多い。支援団体などは、このような施設の環境は人権だけでなく感染症予防の観点からも問題が多いと指摘してきた。それがコロナ禍によって、ようやく行政にも認識されるようになってきている。

もやいは、住まいを失った人がアパートを見つけるまでのあいだの「仮の住まい」として、従来の宿泊施設とは異なるシェルターを整備するよう行政に求めている。もやいはそのモデルとして、

もやいがシェルターとして提供するアパート（提供：NPO法人もやい）

２０２０年10月から民間のアパートを借り上げ、シェルターとして提供する事業を始めた。借り上げたアパートは5部屋で、２０２１年からは9部屋に増やす予定にしている。入居者は、基本的には2～3カ月のあいだ個室で暮らすことができる。家賃は生活保護の住宅補助から支払われるしくみだ。

「住まいを失うことって究極の困窮状態なんです。いろいろなものを失って、最後に住まいを出なければならなくなった人たちが、安心して次の住まいや仕事を探せるような場が必要です。これは、もやいにとっても大きなチャレンジですが、実際に現場の声を反映したモデルをひとつつくることで、行政が制度として組み込めるきっかけにしていきたいと考えています」（大西さん）

もやいがこのようなシェルターをつくった地域の行政からも、従来とは別の選択肢ができたことで歓迎されているという。ただ、それが自治体の政策に組み込まれるかというと、また別の問題だ。大西さんの分析では、自治体は地域の生活困窮者の支援を充実させることで、かえってそのエリアに困窮者が集中することを恐れているのだという。自治体任せではなく、国として大きな方針を決めていくしかないようだ。もやいは全国の支援団体らと連携しながら、新しいシェルターのあり方をめぐって厚労省への提言も行っている。

国の制度を変えることはもちろん簡単ではないが、大西さんにはこれまでの経験から、**「人々の意識が変わる先には、行政もかならず変わる」**という確信がある。コロナ禍によって生活困窮者は激増している。他方で、いつ自分も生活に困窮するかわからない現実を前に、貧困問題に関心を寄せる人は以前より増えてきている。もやいにも寄付やボランティア、応援メッセージなどの問い合わせは増えたという。貧困の現場から、人々に寄り添って実践を続けるもやいの取り組みは、「誰一人取り残さない社会」の実現をまっすぐに見据えている。

実践例 2

学校給食を地元産の有機米に
千葉県いすみ市の有機農業

プロジェクトに関連する
SDGsの主なゴールとターゲット

●ゴール2（2.4）
持続可能な食糧生産システムの確立、レジリエント（強くしなやか）な農業の実践 など

●ゴール6（6.6）
水に関連する生態系の保護、回復

●ゴール15（15.1）
陸域・内陸淡水生態系とそのサービス、特に森林、湿地、山地、乾燥地の保全と回復、持続可能な利用

有機栽培の水田で田植えをする子どもたち（提供：いすみ市）

ゼロからの挑戦

ＳＤＧｓでは「持続可能な農業」や「食糧の安全保障」の推進が求められている（ゴール２）。しかし農薬や除草剤、化学肥料などを大量に使用するやり方で進めれば、生物多様性の保全（ゴール15）などの目標とトレードオフになってしまう。持続可能な農業の実現には、自給率の増加に加え、環境を保全する有機農業の推進も重要となる。

日本の有機農業の生産量や売上は、国際的にはかなり少ない。たとえば農産物の作付面積の割合では、日本は０・２％。フランス（６・３％）、ドイツ（８・２％）、イタリア（15・４％）などに遠く及ばない。[❖1] そんな中、房総半島の南東部に位置する千葉県いすみ市では、市内すべての小中学校の給食を有機米に切り替えた。しかも、２０１３年までは有機栽培のノウハウがまったくなかったという。どうやって実現できたのだろうか。

美しい水田の広がるいすみ市は、古くから米の栽培がさかんな地域だ。しかし近年は、米農家の経営が成り立たなくなり、離農する人が続出していた。転機となったのは、２０１０年に市長が兵庫県豊岡市の水田再生の事例にふれたことだった。豊岡市では、減農薬や無農薬の農業に取り組んだ結果、水田に豊かな生態系を取り戻し、途絶えていた野生のコウノトリを復活させていた。

市長の指示で豊岡市を訪れたいすみ市農林課の鮫田《さめだ》晋《しん》さんは、豊岡市の事業の規模の大きさに圧倒されながら、「同じ水田地帯のいすみ市でも、できることがあるのでは」と思ったという。いすみ市の水田再生を通じた地域活性化の取り組みは、ここから始まった。市は2012年に、農業者をはじめ地域経済にかかわるステークホルダーが参加する「自然と共生する里づくり連絡協議会」を設立、地域全体で環境保全型の農業を進めていこうとする体制をつくった。

とはいえ、有機農業の技術や知識がまったくない中でのチャレンジは、はじめからうまくいくはずもなかった。数人の米農家が「地域活性化のために」という思いで生産を引き受けてくれたものの、初年度は稲が草の中に埋もれ、何十時間も草取りに追われるはめになったという。これでは、とても十分な収穫は望めない。

ここから行政と農家が知恵を出しあい、有機農業について本格的に学ぶようになった。翌2014年にかけて、他地域の事例収集や、有機稲作技術の第一人者である稲葉光國さん（民間稲作研究所代表）を招いた研修を開催。いすみ市の実情に合わせた有機栽培の技術を確立しようと奔走した。すると翌年には、教わった除草技術のおかげで草をしっかり抑えることができた。そして秋には、農薬や化学肥料を使わない、いすみ産有機米を4トンほど収穫することができた。販売するには収量が少ないものの、生産者にとって大きな手応えとなった。

次の課題は販路だ。売りたくても、地元市民にすら知られていない状態では広げようがない。そこで市と農家が話しあい、学校給食に取り入れて子どもたちに食べてもらうことになった。最初の年は2015年5月の1カ月分だけだったが、市内の全小中学校の給食になったことへの市民の反響は大きかった。鮫田さんは、「市が本腰を入れて有機農業を進めていくメッセージになりました」と言う。地元産の有機栽培米は「いすみっこ」と名づけられ、生産者の数や米の生産量は年々増加していった。そして2017年には、目標を上まわる50トンを生産。市内の全小中学校の給食のお米を、年間を通してまかなえるようになった。この全国初の取り組みはメディアや専門家から注目され、評価されるようになった。

❖1　農林水産省「食糧・農業・農村白書」2018年度版より。

水田の再生から広がる好循環

2020年10月現在、「いすみっこ」の生産者は23名となり、学校給食の需要の2倍を上まわる100トンを生産している。給食以外では地元の直売所、地域外ではオーガニック食材を扱うスーパーや弁当屋、生協などで販売されている。また有機野菜の栽培も行い、ニンジンやタマネギ、ジャガイモなど7品目を学校給食に使用している。いまでは「有機農業のいすみ市」として、市そのものの認知度アップにも貢献しているという。これからは、生産者の数や経営状態などを考慮しつつ、地域外にも販路をいっそう開いていくことが検討されている。

いすみ市の田園風景（提供：いすみ市）

また、有機栽培に切り替えた水田には、確実に生きものが増えたという。米づくりの害虫にとって天敵となるカエルやヤゴ、クモなども増えたことで、殺虫剤を使わない有機水田でも害虫被害が増えることはないと多くの農家が実感している。

給食を食べる子どもや親たちからも好評で、残食は大きく減った。学校を訪れ、子どもたちに環境と食についての授業を行っている鮫田さんも、たしかな手応えを感じている。とくに喜ばれるのは、親子で水田や川を訪れ生き物を探す授業だ。「子どもたちはすごくいきいきとしていますね。**持続可能性って、教科書でスローガンを覚えるよりも、こうして実際の体験や感情を通じて学んでもらうことのほうが、自分ごととしてとらえられるはずです**」

手探り状態からスタートし、年を追ってステップアップしてきた、いすみ市と米農家の取り組み。事業の立ち上げからかかわってきた鮫田さんは、プロジェクトを通して、自身も日本の食糧問題について学んだという。

「食のグローバル化って本当に大丈夫でしょうか。遺伝子組み換えやゲノム編集[2]、収穫直前に除草剤を使用した残留値の高い農産物などが食卓を賑わす未来が、よいものとは思えません。里山の風景にはかならず農地があります。田んぼは5000種を超える生きものが暮らす生態系であり、雨水を貯めて洪水や土砂崩れを防ぐインフラでもある。これらは農地である以上、ここでとれた農産物を食べる人がいて初めて支えられます。いすみ市の有機米給食を、子どもたちに安全な食べ物を提供し、農業がもっている多面的な価値を広く知ってもらう機会にしていきたいです」

いすみ市の取り組みは、他の自治体にも広がりはじめている。近隣では同じ千葉県の木更津市が、2019年からいすみ市に学び有機米の栽培を始めた。水田の環境を再生したことが持続可能な農業への道をひらき、子どもたちの健康増進や学びの場の提供にも結びついている。毎日食べる食事を通じて、SDGsを自分ごとにするいすみ市の取り組みは、まだまだ広がっていきそうだ。

❖2　一般的に遺伝子組み替えは、従来の品種改良のように交配をくりかえすのではなく、その植物にとって類縁関係ではない別の遺伝子を組み込む技術を指す。ゲノム編集は、遺伝子情報を利用して特定の遺伝子をピンポイントで切ったり繋げたりして変異を起こす。両者の規制をめぐっては各国で論争が起きている。

実践例 3

群馬県みなかみ町 赤谷プロジェクト

森林と人の暮らしの共存をめざす

プロジェクトに関連する
SDGsの主なゴールとターゲット

●ゴール11（11.a）
各地域の開発計画を強化し、経済・社会・環境面における都市部、都市周辺部、農村部の間の良好なつながりをサポートする

●ゴール15（15.4）
自然生息地の劣化の抑制、生物多様性の損失を阻止、絶滅危惧種の保護　など

●ゴール17（17.7）
効果的な公的、官民、市民社会のパートナーシップを奨励・推進　など

絶滅が危惧されるイヌワシ。赤谷プロジェクトでは、森林保全によるイヌワシの保護にも力を入れる
（提供：公益財団法人日本自然保護協会）

開発の食い物にされる山林

世界では、再生可能エネルギーが主力電源になりつつあることはすでに述べた。日本でも、2012年に再生可能エネルギー固定価格買取制度（略称FIT制度）が施行されてから、徐々にその割合を増やしている。しかし同時に、環境を破壊して再エネ設備がつくられるという矛盾した事態も起きている。たとえば、山林を切り崩してメガソーラー[3]を設置するような事例は、森林減少、生態系の破壊、土壌や水質の汚染、そして防災面など、さまざまなマイナス面がある。

原因のひとつは、FIT制度を含む再エネ関連法の不備にある。FIT制度を初めて導入したドイツなどでは再エネは爆発的に普及したが、開発による環境問題が起きることはほとんどなかった。日本のFIT制度は細部がずさんで、大規模な設備ほど儲かるしくみになっていたことが、こうした問題を誘発した。地域の実情に合わせて丁寧に設定されていれば、違った展開になっていた可能性が高い。

さらに、既存の日本の土地利用制度のあり方が、開発による環境破壊を起こす原因となってきた。自治体には、山林地権者による開発を制限する権限がほとんどない。また、地元住民の合意も重視されてこなかった。そのため歴史的にも、全国の山林でゴルフ場開発やリゾート開発など、その時どきのブームに合わせた施設建設が相次いできた。この根本的課題が放置されたまま、今回は再エネがその投資対象となったのだが、このままではまた次の時代にも同様のことが起きてしまう可能性がある。

他方、山林所有者側の悩みも深い。山林は、国産材が高値で売れた1950年代までは資産価値が高く、地域の共有財として管理されていた。しかし、海外産木材の輸入により山林の価値は著しく低下。現在では維持費ばかりかかる負の資産となっている。地権者たちの、なんとか良い条件で売却できないかという思いには切実なものがある。山林を伐採するメガソーラー建設が地元の反対運動により中止になったケースはあるが、開発が止まっただけでは、この地権者の悩みは解決しない。過度な開発を止め、さらに持続的に山林の保全を行う方法はないのか。実は、20年近く前から、こうした課題を解決するための画期的なプロジェクトが取り組まれていた。

❖3　メガソーラー……出力1000キロワットを超える大規模太陽光発電所のこと。

イヌワシと共存する森づくり

関東の水源・利根川の源流にあたる群馬県みなかみ町は、町の90%が森林に覆われている。全国の森林の多くはスギやヒノキといった針葉樹の人工林だが、みなかみの森はほとんどがブナやナラといった広葉樹の天然林だ。広葉樹は古くから薪や炭として活用されていたが、需要減少とともに山林は手つかずになっていった。

町の一角に「赤谷《あかや》の森」と呼ばれる約1万ヘクタールの国有林がある。東京ドーム約２１００個分以上にもなる広大な土地だ。１９８０年代中ごろから90年代にかけて、ここに二つの巨大開発計画が持ち上がる。大手不動産業者によるスキー場建設計画と、旧建設省によるダム建設計画だ。地域振興を期待して、地元自治体（合併前は旧新治村《にいはるむら》）や経済界が誘致したのだが、これに住民から反対の声が上がる。中心となったのは温泉宿の主人たちで、「お客さんに豊かな森林やおいしい水を残したい」という思いからだった。反対運動にはＮＧＯの日本自然保護協会も合流。二つの開発計画は、いずれも２０００年に撤退を余儀なくされる。誘致を進めた当時の村の職員は落胆し、「（賛成していた）地元民は奈落の底に突き落とされた」と発言している。

森林は守られたが、村を二分した論争はしこりを残した。そして反対派も、その後の森林活用のビジョンを描けていたわけではなかった。そこで、国有林を管理する林野庁も含めた関係者らは約3年にわたり話しあいを続けた。そして２００３年に、地元住民と自然保護協会、林野庁の三者が協定を結び「赤谷プロジェクト」が発足した。全国で初めて、国有林を地域と共同管理する取り組みだ。プロジェクトの目標は、残された森を守ること、持続的な地域づくりにつなげることの二つである。

赤谷プロジェクトの特徴は、たんに自然を守り維持するだけでなく、人間が手を加えながら自然再生をめざす点にある。たとえば人工林を天然林に戻す調査や実践だ。同じ樹種ばかりが密集する人工林では、豊かな生態系は育ちにくい。赤谷の森では、人工林の割合が約3割（3000ヘクタール）だったが、このうち3分の2を天然林に戻そうと計画された。現在も人工林を皆伐したエリアで、自然に森が回復するスピードなどが調査されている。

赤谷の森に生息が確認されているイヌワシの生息環境を再生する取り組みも行われている。両翼を広げると2メートルほどになるイヌワシは、エサとなる動物を狩るために開けた場所を必要とする。かつては里山に暮らす人々が、山林に適度に手を入れてきた。しかし現在は、木が伐採されず鬱蒼《うっそう》と茂っているため、イヌワシが生息できず絶滅危惧種となってしまった。

赤谷プロジェクトでは、人工林を天然林に戻すだけでなく、イヌワシと共存できる環境づくりをめざした。まずは一定の面積の森林を皆伐し、イヌワシが狩りをできる環境をつくりだす。しばらくして、樹木がある程度回復したところで隣の森林を皆伐する。こうした取り組みにより、赤谷の森にはひとつがいのイヌワシが継続して繁殖に成功するようになった。

よみがえった「森のカスタネット」

日本では長いあいだ、森林保護といえば「木を伐らないこと」を意味してきたが、赤谷プロジェクトでは森を守るために間伐し、その木材を地域のために循環させている。地域住民と森林との関係にも変化が生まれている。そのシンボルがカスタネットだ。みなかみ町は国産カスタネット発祥の地で、いっときは全国シェアの7割を占めていた。かつて小学校で子どもたちが鳴らした赤と青のカスタネットは、みなかみ産のものだ。しかし近年、国産ブナの入手が難しくなったことや、中国から低価格の製品が輸入されたことなどにより、生産を終了していた。カスタネット職人の冨澤健一さんは、廃業するつもりだったが、訪れた自然保護協会のスタッフから「赤谷の森の間伐材で、もう一度カスタネットをつくりませんか」と提案される。そして、木肌を活かして加工した「森のカスタネット」が誕生した。現在、森のカスタネットは道の駅などで販売されるほか、町内の「たくみの里」では絵付けワークショップなども体験できるようになっている。

カスタネット職人の冨澤健一さん

さらに赤谷プロジェクトは、失われた桐《きり》の栽培を復活させようとしている。２０１９年には森の一角に桐の苗20本を植樹した。これは、みなかみ町内にある群馬県最後の桐たんす屋「桐匠《きりしょう》 根津《ねづ》」と連携して行ったものだ。桐匠根津でも、かつては町内で生産した桐を使用していたという。桐の生育は10年から20年程度と、広葉樹の中では成長が早い。赤谷

間伐材を利用したオークヴィレッジのイス

の森で育った桐が、地元の職人の手にかかる日もそう遠くはない。

赤谷プロジェクトが始まった当初、スキー場などの開発を推進していた地元自治体は、プロジェクトとは距離をおいていた。しかし時間が経過し意義が理解されるにつれて、町とプロジェクトとは定例会議を開くようになるなど、いまや町全体の取り組みとなっている。

町は現在、豊かな森林や温泉、谷川岳、利根川といった自然の恵みに寄り添い、環境と共存して人々が暮らす地域として知られている。そして、みなかみ町は２０１７年にユネスコエコパーク（生物圏保存地域）にも認定された。同じユネスコの「世界自然遺産」は貴重な自然を開発せず保存することを求めるものだが、エコパークの基準は異なる。**適切に人の手を入れながら豊かな生態系を維持し、地域経済を持続可能にしていくこと**が評価される。まさに赤谷プロジェクトがめざしてきたものだ。

さらに、みなかみ町では現在、赤谷プロジェクトとは別に、民有林の管理やそこから出た間伐材利用にも積極的に取り組んでいる。とくに力を入れているのが、林業者以外の一般の人が副業的に間伐作業をできるような、自伐林業の推奨と研修会だ。また、間伐材を加工して木のおもちゃなど、さまざまな製品に開発するサポートを行っている。まだビジネスとして自立できるまでにはなっていないが、町に新しい産業をつくる機運は生まれている。

具体的な成果が上がっているのは、木製家具製造会社のオークヴィレッジ（岐阜県高山市）との提携だ。みなかみの森林から出た広葉樹の間伐材を、オークヴィレッジの高い技術でイスに加工。2020年6月に試作品50脚を販売すると、またたく間に完売した。こうした町の取り組みに呼応して、森林を活用して事業をしたいと考える若者のUターンや移住者も増えているという。

国有林の保護や活用法を、国だけでなく地元住民や自然保護団体と協議して進めるという、全国初の事例となった赤谷プロジェクト。設立当初に事務局を務めた信州大学の茅野《ちの》恒秀准教授は言う。

「開発が中止になったときの地元担当者の落胆ぶりはすごいものでした。でも20年近く経って、その方も含めて多くの人が『あのときダムやスキー場をつくらなくてよかった』と考えるようになっています。いま全国で、森林をどうするか悩んでいる行政や地権者の方がたくさんいますが、**森を持続的に使うことで地域を活性化する、このような方法があることを伝えたいですね**」

全国の山林では、安易な開発に任せたことで数十年後に新たな問題が生まれるケースが少なくない。試行錯誤をくりかえし、地域の環境との向きあい方を変えた赤谷プロジェクトは、それとは別の選択肢があることを教えてくれる。

実践例 4

ラッシュジャパン

サステナブルの先をゆく変革を起こす小さな拠点

プロジェクトに関連する
SDGsの主なゴールとターゲット

●ゴール12（12.2）
天然資源の持続可能な管理と効率的な利用を実現する

●ゴール14（14.1）
陸上活動からの汚染による、あらゆる種類の海洋汚染を防ぎ大幅に減らす

●ゴール15（15.5）
自然生息地の劣化を抑え、生物多様性の損失を止め、絶滅危惧種を保護し、絶滅を防ぐため、緊急かつ有効な対策をとる

包装をなくした商品が店頭に並ぶ。
商品情報はスマホで確認（提供：ラッシュジャパン）

サステナブルの先へ

企業が商品の原材料すべてを持続可能にすることは、口で言うほど簡単ではない。たとえば3章ではサステナブル認証制度を紹介したが、それさえついていれば100%持続可能と言い切れるわけではない。しかし、持続可能な調達にこだわるだけでなく、その先を見据えて行動する外資系企業がある。25年前にイギリスで創業された化粧品会社のラッシュだ。

ラッシュは、野菜や果物といった自然の恵みを原料に化粧品製造をしていることから、その供給源となる地球環境を大切にすることをめざし、創立当初から持続可能な調達方針をかかげてきた。とくにこだわってきたのは動物実験への反対だ。サプライチェーンに入る外部企業には、どのようなかたちでも動物実験にかかわっていないとの証明が求められ、ラッシュ独自の審査も行われる。またラッシュは、動物実験をせずとも安全性の確認ができる代替方法の開発支援も手掛けてきた。

とはいえ、事業の規模が大きくなるにつれ、当初は問題にならなかった原料調達先のコミュニティや環境への負荷が高まり、従来の調達方針だけでは不十分であることがわかってきた。そのためラッシュは2016年ごろから、新たな調達の考え方として「リジェネレーション（再生）」をかかげた。リジェネレーションとは、**たんに環境を維持するだけでは不十分で、その土地や人々に積極的にかかわり、環境やコミュニティを再生したり、より豊かにしていくこと**を意味する。そこには、

イヌワシギフトペーパーとカスタネットギフトペーパーで包装した商品
（提供：ラッシュジャパン）

さまざまな地域や団体とのパートナーシップが欠かせない。

取り組みのひとつには、先に紹介した赤谷プロジェクトがある。赤谷プロジェクトでは、イヌワシが狩りをしやすい環境をつくり、豊かな生態系を取り戻すために森林を間伐している。ラッシュはこの間伐材を加工する際に出た木くずを和紙に加工、鮮やかにプリントして、ギフトラッピング用の「イヌワシペーパー」として利用している。また、みなかみ町のカスタネットづくりで出た木屑も同様に「カスタネットペーパー」として活用する。

福島県いわき市では、地元団体「いわきおてんとSUN企業組合」や「株式会社起点」と協力しながら、オーガニックコットンの栽培や製品づくりを支援してきた。いわきの農家は、津波による土壌の塩害と原発事故の風評被害により、米や野菜を作ることができなくなった。そこで、食べ物ではなく綿花（コットン）を栽培するプロジェクトが立ち上がった。コットンをオーガニックで栽培することはとても難しいが、ラッシュは２０１２年からその取り組みを支援。できたコットンを購入し、独特な色合いの風呂敷を製作した。コットンの購入にとどまらず、継続的にプロジェクトにかかわってきたことが、地域経済と人々の心を支える役割を果たしている。

それぞれの現場にはラッシュのスタッフがたびたび訪れ、意見交換をしながら商品づくりを進めてきた。スタッフの小山大作さんは、こうした取り組みの意義を説明する。「自分たちが販売する商品の原料を、誰がどんな思いで作っているかを目にすることで、それが顔の見える商品になっていきます。店頭に戻ったスタッフ一人ひとりが、お客様にその商品の背景にある物語を伝えられるようになることは、とても大切です」

パッケージなんていらない

ラッシュは、使い捨てプラスチックをはじめとするゴミ問題への対策として、パッケージのない商品（ネイキッド商品）を扱っている。２０２０年10月現在では全商品の半分以上を占める56％が、せっけんや固形シャンプー、入浴剤などパッケージなしの商品だ。もともと日本以外の国では、ラッシュは固形商品をパッケージなしで販売してきた。しかし日本では、固形せっけん以外については薬機法（旧薬事法）で包装と表示が義務づけられているため、実施が遅れた。販売が開始されたのは２０１６年のことだ。

化粧品の無包装販売は日本では前例がなく、それまでの10年間は、行政と何度も交渉を重ね、ラッシュ社内でもまた試行錯誤が続けられた。交渉や商品開発を見守ってきたラッシュの窪田とも子さんは言う。「自治体からは管理の仕方、陳列の仕方、ラベルの貼り方など、とにかく細かく指導が入りました。いったん店頭に出した後で全商品回収となったこともあります。イギリス本社からは『なんで日本だけできないんだ！』と急かされるし、現場は大変でしたね（笑）」。最終的には、ひとつひとつの商品にラベルを直接貼り付けることで販売可能となったが、ラベルの粘着力が弱すぎると剝がれやすく、強すぎると剝がしにくいため調整には苦労したという。

そこで一件落着というわけではなかった。ラッシュの商品はエッセンシャルオイルの香りが特徴だ。パッケージで包まなければ、香りが他の店舗にも漂ってしまう。そのため当初は、同じ商業施設に入っているテナントや、ビルのオーナーから難色を示されたこともあったという。その後、ラッシュの取り組みを丁寧に説明したことや、社会に持続可能な取り組みへの理解が広まったことで、現在では苦情を言われることはほとんどなくなったという。

なお、ラベルを商品に貼り付ける場合、どうしても表示する情報が少なくなる。それを補うためラッシュでは「デジタルパッケージ」を実現するアプリを開発。スマホをかざすと、商品に関する文字情報や動画がスマホに流れるようにした。

小山さんは言う。「私たちは、パッケージなんてなくてもいいのでは？という提案をしています。お客様に強制するのではなく、こういうものがあるよと紹介することで、考える機会をつくり、納得してご購入いただくのが理想です。**買い物に来るお客様は、決して社会変革に参加しようと思って来るわけではありませんが、知らず知らずに変革にかかわっている**。それがラッシュのおもしろいところではないでしょうか」

他方で、袋を必要とする顧客には、一部にバナナペーパーを含む紙袋を無料で配布したり、先述した福島のオーガニックコットンの風呂敷を勧めている。ラッシュはこうした取り組みを通じて、パッケージが当たり前という常識を問い直したいとしている。大手企業でも、パッケージのない商品を開発する動きは始まっている。常識が変われば、無包装の商品が当たり前になる日が来るかもしれない。変革は日々の買い物から生まれる。ラッシュの店舗は、変革を起こすための小さな拠点なのかもしれない。

実践例 5

大川印刷

本業で社会課題の解決をめざす「ソーシャルプリンティングカンパニー®」

プロジェクトに関連する SDGsの主なゴールとターゲット

●ゴール7（7.2）

再生可能エネルギーの割合を大幅に増やす

●ゴール10（10.2）

年齢、性別、障害、人種、民族、出自、宗教、経済的地位やその他の状況にかかわらず、すべての人々に社会的・経済的・政治的に排除されず参画できる力を与え、その参画を推進する

●ゴール12（12.4）

製品ライフサイクル全体を通して化学物質や廃棄物の環境に配慮した管理を実現する。また、人の健康や環境への悪影響を最小限に抑えるため、大気、水、土壌への化学物質や廃棄物の放出を減らす

工場の屋根に設置された太陽光パネル（提供：大川印刷）

中小企業が挑む環境経営

大企業に比べ、資金や人材、ノウハウなどが限られる中小企業にとって、会社をあげてSDGs経営に取り組むことは容易ではない。しかし、事業の中心に社会課題の解決を据えて、次々と革新的なチャレンジを続けている中小企業がある。

6代目社長である大川哲郎さんは、会社の経営に携わるようになった1990年代後半から環境経営を志し、デザインや印刷、製本、そして納品まで、環境に配慮した印刷のしくみを導入した。たとえばインキは石油系溶剤0%の植物性を、製本は針金を使用しない方法を採用した。また2004年から、印刷用紙にはいち早くFSC認証紙を取り入れている。1881年に創業した老舗《しにせ》印刷会社、大川印刷だ。

ただ、印刷会社は発注元から依頼がなければ、こうした付加価値の高い紙を使用できない。そこで取引先への普及啓発を積極的に行い、現在は大川印刷が発注を受ける用紙の5割以上がFSC認証紙となっている。

外国人や障がい者、高齢者の役に立つ、印刷物のユニバーサルデザイン化にも力を入れる。たとえば、薬の服用履歴などがわかる「お薬手帳」が日本語版しかなく、日本に暮らす日本語の読めない外国人が不便を感じていると知り、市民団体や企業などと連携して、日本で初めて4カ国語版の「わたしのおくすり手帳」を開発した。

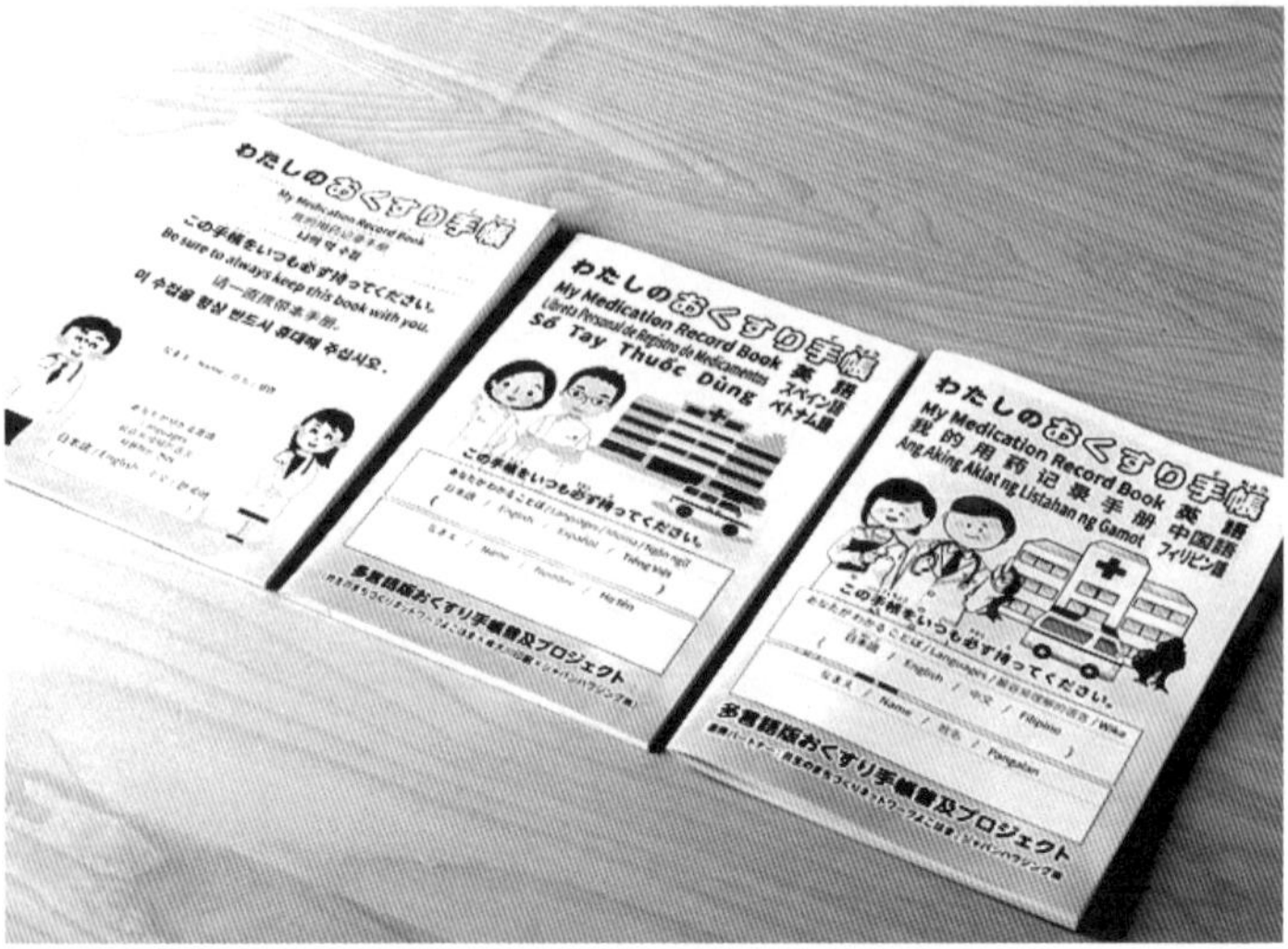

４カ国語で作成した「わたしのおくすり手帳」（提供：大川印刷）

また、取引先とともに、気候変動問題や再エネ１００％の事業をめざすための勉強会を開催。２０１９年には、自社工場の電力を１００％再エネでまかなえるようになった。内訳は、20％を自社工場の屋根に設置したソーラーパネルから調達。残りは横浜市と連携都市協定を締結している青森県横浜町の風力発電による電力を、３章にも登場した「みんな電力」を通じて購入する。

同じく19年には、難民認定の申請者１名を従業員として採用した。日本の難民認定の申請者は毎年１万人以上に上っているにもかかわらず、19年に認定された人の数は44人ときわめて少ない。難民支援のＮＧＯを通じてそうした現状を知った大川社長は、何かできないかと持ちかけ、採用に至った。さらに、難民問題を知るためのイベントに参画するなど、社員や地域の人々に考える機会を提供した。

大川印刷は、このようなさまざまな分野での社会貢献活動を20年以上にわたり実践してきた。従業員およそ40名の中小企業に、なぜこのようなことができるのだろうか? 大川社長は言う。「CSRというと、余裕のある企業がやるものだと思われがちです。でも、うちは仕事を創出しなければならない危機感から出発しているので、本業とは切り離せないのです」

パートナーシップで新たな価値を

大川社長が会社の経営に携わるようになった90年代後半は、バブル崩壊後の不況により会社の売り上げは半減し、経営は危機におちいっていた。長年の取引先からは他社との相見積もりで競わされ、「印刷はとにかく安ければいい」と扱われるようになったという。

大川社長は、会社の存続のためを考えて過度の価格競争をやめ、付加価値の高いものを適正価格で扱うことにした。「安さだけを追求すると、いろんなひずみが生まれてしまいます。それよりも私は、品質や環境、従業員の喜びを大切にして、地域や社会に必要とされる企業をめざすことで、長く続く企業にしたいと考えました」

大川さんが正式に社長となった2005年からは、社会課題を解決する印刷会社を意味する「ソーシャルプリンティングカンパニー®（社会的印刷会社）」というビジョンを立ち上げる。以来、印刷事業だけでなく、本業を通じた社会貢献を多角的に実践している。こうした取り組みを通じて、社会起業家や社会貢献度の高い事業を担う民間団体からの発注も増えていった。NGOのWWF（世界自然保護基金）や、アウトドアウェアブランドのパタゴニアも取引先のひとつだ。最近では、エシカル消費などの意識の高まりから、一般の消費者からも応援されるようになっている。

現在では、企業のあいだでSDGsの認知度が高まり、大川印刷が環境経営を始めたころにはなかったような、各企業による社会貢献のアピールがさかんになっている。しかし大川社長は、日本社会の持続可能性を高めるためには、ゴール17の「パートナーシップ」が決定的に欠けていると感じる。「**経済だけの視点ではなく、環境や社会課題解決のために、柔軟な発想でもっと各企業が協力していく社会になればいい**と思っています」

他社との連携は、大川社長がとくに重視してきたことのひとつだ。大川印刷では、差別的な印象のある「外注」や「下請け」といった用語は禁止されている。「パートナー企業」と呼び、対等な関係を築いてきた。また、競合の印刷会社にも、依頼があればスタッフが印刷技術を教えに行くなど、通常のビジネスでは考えられないようなことにも積極的だ。

見学に来た大手企業の社員から、「大川さんのような小さな会社では、うちが発注しても処理しきれないでしょう?」と言われることもある。しかし大川社長は「これもパートナーシップを築くことで実現できる」と考えている。そして、環境印刷を手がける全国の印刷会社と連携して、大量の注文を受注するしくみを築くことも視野に入れる。

小手先ではなく、本質的な社会貢献に取り組んできた大川印刷。地域の中小企業のキラリと光る実践は、大企業に劣らないどころか、それ以上の価値を生み出せることを日々証明している。

実践例 6

「ゴミ」を「資源」に変える
問題解決型の古材屋

リビルディング センタージャパン

プロジェクトに関連する
SDGsの主なゴールとターゲット

7 エネルギーをみんなに そしてクリーンに
12 つくる責任 つかう責任
12 つくる責任 つかう責任

●ゴール7（7.2）
再生可能エネルギーの割合を大幅に増やす

●ゴール12（12.4）
製品ライフサイクル全体を通して化学物質や廃棄物の環境に配慮した管理を実現する。また、人の健康や環境への悪影響を最小限に抑えるため、大気、水、土壌への化学物質や廃棄物の放出を減らす

●ゴール12（12.5）
廃棄物の発生を、予防、削減、再生利用や再利用により大幅に減らす

リビセンに集う仲間たち。左から4人目が東野唯史さん
（提供：リビルディングセンタージャパン）

出発点は空き家問題

「日本のリノベブームとかＤＩＹブームって、ぜんぜんエコじゃないんですよ」。建築建材のリサイクルショップ、リビルディングセンタージャパン（通称リビセン）を立ち上げた東野《あずの》唯史《ただふみ》さんは言う。デザイナーの東野さんが２０１６年にリビセンを創業したきっかけは、日本の空き家問題やゴミ問題への危機感からだったという。

人口減少により日本の空き家率は急増している。たとえば、リビセンのある長野県では空き家率が20%近く、およそ5軒に1軒が空き家となっている。管理者のいない空き家の増加は、倒壊のリスクや治安の悪化、周辺エリアの経済価値の低下などをもたらす。そこで国は、空き家の固定資産税の減免をなくし、自治体が解体しやすくする法律を制定した（２０１５年）。

しかし、たんに解体を増やせば木材をはじめ膨大なゴミが出る。その多くは焼却され、CO_2排出量も増えてしまう。他方、リノベーションやＤＩＹがブームとなり古材の需要が高まったことで、カナダやアメリカなどから大量の古材が輸入されている。「日本でこんなに古材を捨てているのに、海外から輸入しているのは変ですよね?」と東野さんは言う。たしかに、輸送には大量の化石燃料が使われ、お金も国外に流出する。地域資源になりうるものをゴミとして捨て、国外から古材を輸入することは、エネルギーや気候変動といった観点からも持続可能ではない。

「僕らの役割は、世の中に見捨てられたものに価値を見出し、必要としている次世代のユーザーにつなぐことです」（東野さん）。**リビセンでは、建物の解体時に不要とされた古材や古道具を引き取ることを「レスキュー」と呼ぶ**。引き取った後、洗って磨き、値段をつけて販売し、ようやくレスキュー完了だ。レスキューに行くエリアは、リビセンからおよそ車で1時間の範囲としている。地域の古材を引き取り、ふたたび地域で使用されることで、資源やお金が地域内で循環するからだ。そんな大きなビジョンを描く一方で、リビセンには誰もが気軽に訪れることのできるように、古材で作られたおしゃれな窓やテーブルの並ぶカフェが併設されている。

東野さんが手本とするのは、米国のポートランド（オレゴン州）にあるリビルディングセンターだ。ポートランドは豊かな自然に加えて、住民主体のまちづくりがさかんで、環境活動やクリエイティブな文化の発信地としても知られる。全米有数の人気の町として移住者も多い。１９９７年、そのポートランドにＮＰＯとして創設されたリビルディングセンターは、貧困層や社会的マイノリティも含めて、誰もが建材や道具を安価で購入したり、住まいを直すためのスキルを身につけたりできることをミッションとしている。同時に、ゴミ問題や気候変動への対策として、リユースやリサイクルの文化を広めることも大事にされてきた。

現在のポートランドのリビルディングセンターは、世界最大のＤＩＹセンターと呼ばれるほど規模が大きく、資材価格は安い。従業員数はおよそ40人ほどだが、作業を支えるボランティアは年間で3000人以上になる。収益は地域活動のために使われ、貧困層の就労支援を行うなどコミュニティづくりの拠点の役割も果たしている。2015年にここを訪れた東野さんは、敷居の高い「古材屋」のイメージを覆す、若者から高齢者まで誰もがカジュアルに利用できる場のあり方に共感し、日本で起業するために名前とロゴマークの使用許可をもらった。

「リビセンに置いている古材は地域内で調達されていて、それが地域住民の家に使われています。住民が日常的に利用することで、リビセンが町の風景の一部をつくっている。コミュニティを豊かにするこういう古材屋だったら、自分もやってみたいと思ったんです」（東野さん）

誰もがレスキューできるように

東野さんは、リビセンの立ち上げ前から妻の華南子さんとともに全国をめぐり、店舗やゲストハウスなどを古材でリノベーションしてきた。長野県諏訪市にリビセンを構えた後は、周辺に東野さんがリノベを手がけたカフェやパン屋などが増えている。東野さんは、「空き家を活用すると地域がおもしろくなる」と言う。ポートランド同様、エリアには豊かなコミュニティが育ちつつある。

建物の建築や解体には膨大なエネルギーがかかるため、リノベーションして同じ建物を長く使うことは環境負荷を下げる。さらに東野さんは最近、建物を使う際のエネルギーにも関心をもつよう

解体される公民館から木材を「レスキュー」する（提供：リビルディングセンタージャパン）

になった。建物は建築時よりも、冷暖房などランニングコストのほうがエネルギーを多く消費する。そのため、リノベする際に高断熱仕様にすることで省エネになり、無理なく光熱費を下げることができる。東野さんは、自宅やスタッフが暮らす社宅にも断熱リノベをほどこした。再エネの導入にも積極的だ。リビセンは2019年に再エネ100%の電気を供給する長野県内の電力小売会社「グリーナ」と契約、さらに20年には県内の市民エネルギー会社「上田市民エネルギー」と協力し社屋に太陽光発電を設置した。これで昼間の事業で使う電気を自家発電でまかなえるようになった。

空き家やゴミ問題、コミュニティづくり、そしてエネルギーや気候変動まで考えて行動を続ける古材屋は、これから何をめざすのか？　リビセンがレスキューしてきた空き家の軒数は4年間でおよそ800軒。一軒当たりおよそ500キログラムの木材などがレスキューされている。年間ではおよそ100トンにもなるが、東野さんは現状にまったく満足していない。見据える先は、あくまで日本全体の空き家問題の解決だ。2018年時点で、日本の空き家総数は850万軒近い。木造建築物の年間の産廃総量は138万5000トンになる。

「リビセンが毎日必死にレスキューしても、日本全体で捨てられる木材の0・004％にしかなりません。だから僕らが課題解決のためにすべきことは、事業の拡大じゃないんです」と彼は言う。カギになるのは、価値観の変化をもたらすことだ。

「僕らの会社のスタッフはいま14名。これを100倍にしても、日本の1％もレスキューできない。**めざす未来は、僕らのノウハウをシェアして真似てもらうことです。それにより、多くの人がレスキューできるようになったり、必要なものを長く使う文化が広がればいい**」

そのためのしくみとして重視するのが、ボランティアの存在だ。本家のリビルディングセンターが多くのボランティアを受け入れていたように、東野さんたちのところにも月に20〜30人、年間で300人前後のボランティアが訪れる。リビセンでやり方を学び、その後スタッフになる人もいるし、地元に戻って空き家を改修するようになった人もいるという。こうした活動を続けるなかで、価値観を共有する仲間たちが増えた。そのネットワークをもとに、リビセンの取り組みを他の地域にも広げる計画が進んでいる。古材を通じた資源の循環を、肩の力を抜き、楽しみながら実践していくリビセンの仲間たち。その取り組みは、すでに未来を少しずつ変えていっている。

実践例 7

地域経済の循環をめざす
エネルギーを通じたまちづくり
岡山県津山市、宮城県仙台市、北海道ニセコ町

プロジェクトに関連する
SDGs主なのゴールとターゲット

●ゴール7（7.3）
世界全体のエネルギー効率の改善率を倍増させる

●ゴール11（11.2）
弱い立場にある人々のニーズに特に配慮しながら、公共交通機関の拡大によって交通の安全性を改善し、持続可能な輸送システムを利用できるようにする

●ゴール13（13.2）
廃棄物の発生を、予防、削減、再生利用や再利用により大幅に減らす

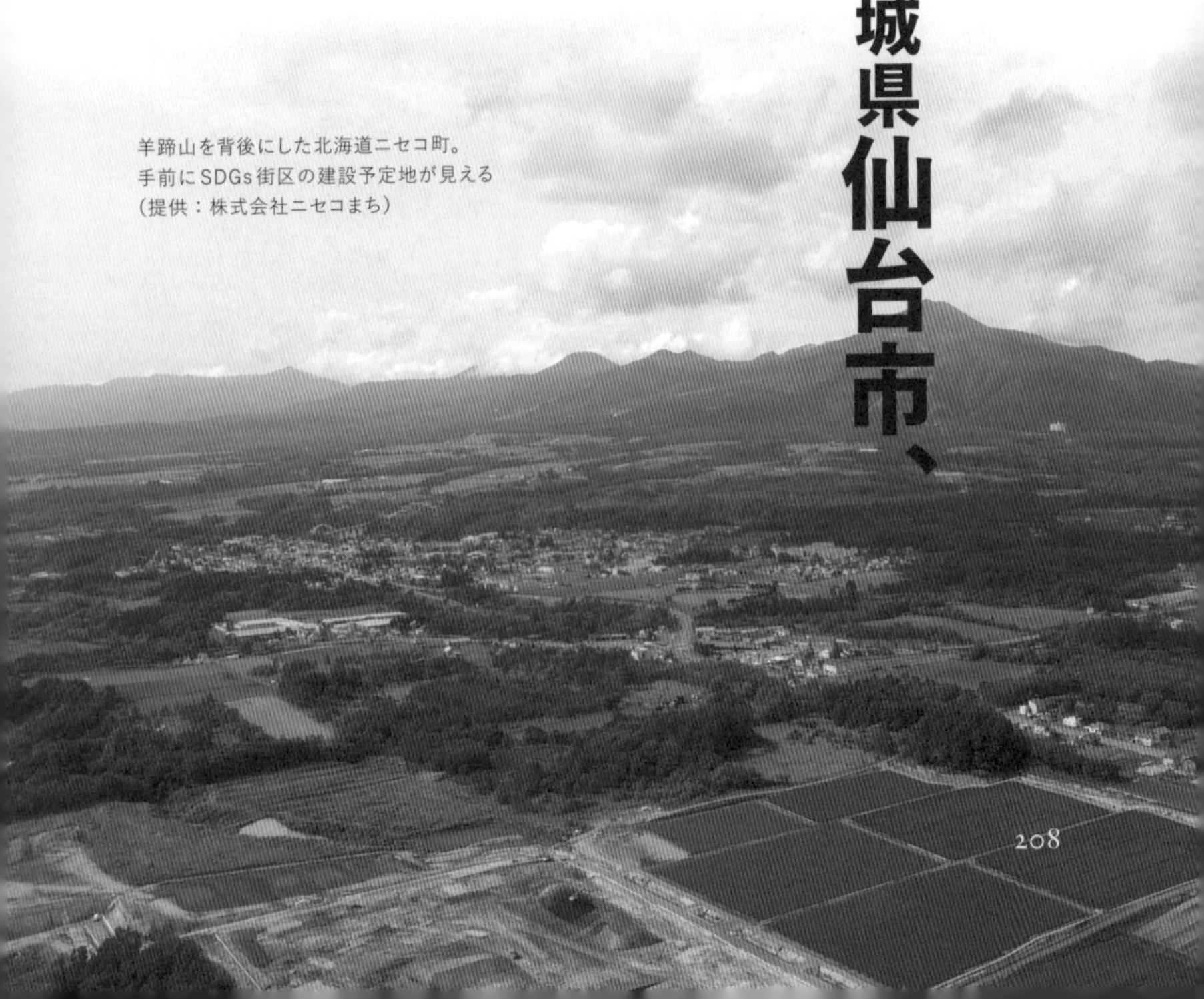
羊蹄山を背後にした北海道ニセコ町。
手前にSDGs街区の建設予定地が見える
（提供：株式会社ニセコまち）

地域経済にエネルギーを取り戻す

全国の多くの自治体が、エネルギー政策を通じたまちづくりに取り組み始めている。具体的には、再エネ発電所をつくったり、自治体が民間事業者と協力して、地域のための電力小売会社を設立するといった動きだ。背景には気候変動への危機感がある。災害の激甚化はもちろん、農作物の収穫量や漁獲量が減少したり、スキー場に雪が降らないなど、さまざまな影響を受けている。

もうひとつの理由は、エネルギー購入による地域経済の疲弊だ。電気やガス、ガソリンといったエネルギーを地域外から購入することで、地域のお金が外に流れ出ている。さらに国レベルで見れば、燃料の多くを海外から輸入している。そのため全国の9割以上の自治体が、エネルギー収支では赤字になっている。

たとえばリンゴの生産量が全国トップの青森県では、リンゴの販売額は年間で800億から1000億円程度になる。しかし青森県が購入しているエネルギーコストは、その約5倍の5000億円にも上る。このお金を少しでも地域内にとどめ循環させることは、地域の力を取り戻すことにつながる。具体的には、省エネや再エネを活用することで自治体や住民がエネルギーに支払う費用を抑えたり、自治体が出資する会社の収益を地域に還元できるようになる。この項では、前半で公共施設の断熱改修の動きについて、後半でエネルギーの課題を取り込んだ総合的なまちづくりの事例について紹介する。

小学校の断熱改修で学習環境も向上——津山市&仙台市

エネルギーというと発電分野が注目されがちだが、建物の省エネ化はきわめて重要だ。とくに、日本の既存建築物は断熱性能が著しく低い。たとえば既存の窓に内窓（二重窓）を設置するといった簡易な断熱改修をするだけでも、消費エネルギーを大きく削減できる。逆に言えば、いくら発電に力を入れても、建物の断熱性能が低ければ貴重なエネルギーは建物の外に漏れ続ける。

従来の公共施設の建設では、初期投資（イニシャルコスト）ばかりが重視され、長期的な視点で維持費（ランニングコスト）が考慮されてこなかった。しかし、一度建てたら数十年使い続ける施設は、ランニングコストがイニシャルコストをはるかに上まわる。断熱性能を向上させることは、長期間にわたりランニングコストを抑えるため、自治体の財政面にも大きく貢献する。そのため、市庁舎や学校などの公共施設の断熱性能を見直そうとする動きも始まっている。

岡山県津山市では、2019年夏に全国初となるDIYのワークショップ形式で小学校の断熱改修が行われた。改修したのは市立西小学校の最上階（3階）の一教室で、天井に断熱材は入っておらず、夏はきわめて暑く冬は寒かった。プロジェクトを動かしたのは一人の行政職員の熱意だった。

天井を開けて断熱材を詰める（津山市）（提供：川口義洋氏）

市で公共施設のマネジメントを担当する川口義洋さんは、地元の建築士会や教育委員会の協力も得て、手続き面や技術的な課題をクリア。およそ40万円の改修費用を、クラウドファンディングと地元の企業や団体の協賛金などでまかなった。そして断熱工事は、建築士会や市役所の職員などワークショップの参加者が手作業で行った。

改修後の冬に、改修していない隣の教室と比較したところ、改修した教室は同じ室温でもエネルギー消費量が約半分に削減されていた。さらに、快適になったことで子どもたちの集中力が高まるなど、目に見えて学習効率も高まっているという。

国は、2018年夏の猛暑を受けて、全国の公立小中学校にエアコンを設置する方針を定め

壁に断熱材を入れ、その上から木の壁を設置する（津山市）（提供：川口義洋氏）

た。しかし、断熱がまったくされていない教室にただエアコンを付けるだけでは、毎年の自治体の電気代が数千万円も増えることになる。危機感を感じた川口さんは、エアコン設置と断熱による省エネをセットで考える必要性を感じ、断熱の専門家である建築家の竹内昌義さん（エネルギーまちづくり社代表）らに相談。計画を実現させた。川口さんは、今後も機会があれば教室の断熱を増やしていきたいと考えている。

さらに本格的な取り組みもある。2020年夏に宮城県仙台市が、市立幸町南小学校で最上階（3階）の3教室を断熱改修した。こちらはDIY形式ではなく、エネルギーまちづくり社が設計を、地元建設会社とサッシメーカーが工事を担当した。ここでは実証実験も兼ね、3教室をそれぞれ異なるレベルで断熱改修した。各教室では光熱費や室温、湿度、CO_2濃度などのデータを測定している。

両市の計画に携わった建築家の竹内昌義さんは次のように言う。「大切なのはデータだけではありません。**子どもたちが、寒い教室を断熱することでこんなに暖かくなると体感することが大切です**。子どもが感じたことは、かならず大人にも伝わります。今回の実証実験で得られるものが、いろいろなところで共有されるといいと思います」。ここで得られたデータや子どもたちの感想は、今後の仙台市の施策はもちろん、他の自治体が学校を断熱改修する際にも活かしていくことが検討されている。

政府は、2050年までのカーボンニュートラル（脱炭素）を宣言したが、それを実現するためには高レベルの断熱改修による既存建築物の省エネ化が欠かせない。たとえばドイツでは、オイルショック以降から建物の断熱化の議論が進められ、1977年には建物の最低限の断熱性能が法律で定められるようになった。さらにその後も、「省エネ政令」により年代ごとに厳しい省エネ基準が設けられ、新築の建物の断熱性能は飛躍的に引き上げられてきた。しかし日本社会では、その重要性がまったく認識されないままになっている。日本では2020年になっても建物の断熱性能を義務づける法律がないに等しい状態だ。問題はエネルギー面だけではない。災害時の避難所となる体育館や教室を断熱しておくことは、被災者の環境改善にも大きく貢献する。さまざまな面で効果のある断熱こそ、日本を救う切り札のひとつになっていく可能性がある。

まちづくり会社が手がける「SDGs街区」――ニセコ町

再エネ、省エネを含めて街区全体を総合的に見直し、全国に先駆けてカーボンニュートラルのまちづくりをめざす自治体がある。北海道ニセコ町は人口5000人ほどの小さな町だが、世界的なスノーリゾートとして名高く、国内外から年間170万人以上（2019年）の観光客が訪れていた。他方、リゾート地でありながら環境を重視する姿勢を貫き、周囲の自治体で大型リゾート開発が相次ぐなか、過度な開発を拒んできた歴史もある。また、新たな開発事業にあたっては、住民の主体的な参加や合意形成が大切にされてきた。そのような取り組みから、国はニセコ町を「環境モデル都市」（2014年）や「SDGs未来都市」（2018年）に選定している。

とはいえ、これだけ観光客が多ければ脱炭素の実現は簡単ではない。2014年には、当時としては野心的な「2050年までにCO_2排出量を86％削減」を目標に「第一次環境モデル都市アクションプラン」を策定、政策を実行した。ところが、観光客の増加もあって、2年後にはCO_2排出量がむしろ増加してしまった。

アクションプランは見直され、専門的な事業者とともに計画実現をめざすことになる。第二次アクションプランの策定を委託した先は、ドイツ在住の環境ジャーナリストである村上敦さんが代表を務める一般社団法人クラブヴォーバン（略称CV）だった。CVは、世界的な環境都市として知ら

SDGs街区の建設予定地（提供：株式会社ニセコまち）

れるドイツ・フライブルク市の「ヴォーバン住宅地」を模範とし、日本国内での持続可能なまちづくりをめざす専門家たちが集うコンサルティング組織だ。CVとニセコ町は、住民と対話集会をくりかえし、ニセコ町の将来像について意見を交わした。そして2019年には画期的な第二次アクションプランができあがり、その一部はすでに実行に移されている。

このプランでは、たとえば新たに建てる役場新庁舎をはじめとする公営・民営の建物を徹底的に断熱し、冷暖房などにかかるエネルギーを大きく削減する。そのうえで、必要となるエネルギーをまかなうため、高効率設備や再エネ設備を導入していく。

とくに力を入れるのが、住宅不足の解消も兼ねて町の中心に建設される「NISEKO生活モデル地区」（通称SDGs街区）だ。共同住宅を中心とするこの地区では、建物の高断熱化に加え、自動車に頼らなくても快適に暮らせるまちづくりが進められることになる。公共交通の充実をはかりつつ、高齢者が安心して住み替えられるような場所になる予定だ。

自治体政策に詳しい田中信一郎さん（地域政策デザインオフィス代表）は、こうしたまちづくりが住民にもたらす意味を語る。

「ＳＤＧｓって、一般の人が教科書的に学んでも『でも現実は難しいよね』となりがちです。**言葉とか概念を学ぶよりも、まずは実践することが大事です**。ニセコでは、これから暖かい庁舎とか、自動車がなくても快適に過ごせる共同住宅地区ができていきます。**それを体感することで、『これがＳＤＧｓなんだ』と実感する効果につながるはずです**」

こうした構想を実現するため、２０２０年7月にはニセコ町とＣＶ、そして複数の地域事業者で共同出資し、実行主体となる地域まちづくり会社「株式会社ニセコまち」が設立された。これはＰＰＰ（公民連携＝Public Private Partnership）と呼ばれるしくみで、行政と民間が連携して住民に公共サービスを提供するものだ。ＰＰＰにもさまざまな形態があるが、今回の会社は町の出資比率が38％で、自治体の意向も一定程度反映させつつ民間のノウハウを活かすことのできるしくみとなっている。「株式会社ニセコまち」では、ここに挙げたＳＤＧｓ街区の立ち上げなどのほか、公共施設の管理運営や、電気や熱など地域のエネルギーサービスを担う事業も手がける予定だ。

ニセコ町の片山健也町長はこのように語る。「過去のこうした事業では、コストの安さが優先されてきました。しかし公益的な取り組みは、透明性と住民の納得感が大事になります。今回の事業を通して、地域でお金を回し、地域住民のためになる地元企業をみんなで育てていくようになればいいいと思います」

２０２０年は新型コロナの影響で観光客が大きく落ち込み、ニセコ町の経済は大きな打撃を受けた。しかし、そんな中でも町は、２０５０年にカーボンニュートラルをめざす気候非常事態宣言を行った（20年7月）。目先の利益よりも、長期的な環境保全や暮らしやすさを重視するまちづくりの意思はブレることはない。今回のアクションプランをはじめとする構想が実現すれば、地域はいままで以上に持続可能なものになるのではないか。

◎田中信一郎さんに聞く

SDGs時代の持続可能なまちづくり

最後のインタビューは、実践例7でも登場いただいた公共政策のスペシャリストである田中信一郎さん。田中さんは、国（内閣・国会）と市（横浜市）、そして県（長野県）のそれぞれで政策企画に携わった経験から、現在はさまざまな自治体に向けて持続可能なまちづくりのアドバイスを行っている。人口減少時代の日本で、SDGsを活かした社会をどのように実現していくのか。日本でいまもっとも必要とされているポイントを伺った。

（インタビューは2020年12月に実施）

田中信一郎（たなか・しんいちろう）

千葉商科大学 基盤教育機構准教授、一般社団法人 地域政策デザインオフィス代表理事、博士（政治学）。国会議員政策担当秘書、明治大学政治経済学部専任助手、横浜市地球温暖化対策事業本部政策調査役、内閣府行政刷新会議事務局上席政策調査員、内閣官房国家戦略室上席政策調査員、長野県企画振興部総合政策課・環境部環境エネルギー課企画幹、自然エネルギー財団特任研究員等を経て、現在に至る。有識者として国や自治体で審議会委員等の経験も有する。著書に『政権交代が必要なのは、総理が嫌いだからじゃない』（現代書館）、『信州はエネルギーシフトする』（築地書館）など。

日本の都市計画に欠けているもの

高橋——日本は急激な人口減少と、それにともなう地方の衰退という危機を迎えています。政府や自治体がするべき対策は何でしょうか？

田中——日本では、持続可能なまちづくりが難しい理由があります。自治体に土地利用を管理する権限、すなわち「まちのかたち」の決定権がないことです。都市計画法や農地整備法など、それぞれ限られたエリアを管理する法律はあるものの、すべてのエリアを総合的に管理できません。持続可能な社会のために国がすべきことは、自治体に「まちのかたち」の決定権を認める法律をつくることです。

高橋——ドイツでは、数十年後まで都市計画が決まっています。事業者には不自由な面があるでしょうが、住民からすると、隣に突然タワーマンションができるようなことがないので安心して暮らせます。

田中——欧州では「計画なくして開発なし」の原則が貫徹し、自治体が「まちのかたち」を決めます。一方、日本では事実上、民間企業が自由に開発でき、自治体は「まちのかたち」をコントロールできません。建物の高さや形状、用途などに口を出す権限も十分にありません。民間企業が宅地開発をしたら、自治体は水道やゴミ収集などの公共サービスを提供しなければなりません。あるいは、子育て世帯向けのタワマンができて保育園や小学校の受け入れ人数が急に足りなくなったら、新たに整備しなければなりません。地域の公共サービスの規模から見て過大なマンション開発が行われても、自治体には何もできないのです。

自治体が「まちのかたち」を決める欧州の地域では、子どもや高齢者の数などが数十年レベルでだいたい一定に維持されています。そのため、急に学校が必要になったり、逆に何年かして廃校になったりすることはありません。だから安心して暮らすことができます。

高橋——日本ではなぜ無計画に都市がつくられてきたのでしょうか?

田中——戦後の日本では人口が急増したため、住宅や道路の量を間に合わせることが優先され、質を確保するための計画は軽視されてきました。それが必要な時代ではありましたが、人口減少時代のいまは違います。しかし、人口増加時代の法制度が維持され、まちづくりの足かせになっています。

無計画なまちづくりが進んだため、人口減少で虫食い状態で空き家が増え、道路や水道、交通などインフラ維持が困難になっています。自動車への依存度も高まりました。これまでは自動車社会を前提に、郊外の開発と生活の利便性を両立させてきました。でも、それが住宅近くの商店街を衰退させ、高齢者の生活を困難にし、環境負荷も高めてしまいました。

自治体が「まちのかたち」を決められないことは、災害に弱いまちにもしてきました。安い土地を求めて谷を埋め、山を切り崩し、宅地が開発されました。福祉施設などは、そうした災害リスクの高い場所にしばしば建てられています。でも、人口が減る時代にわざわざ危険な場所に住む必要があるでしょうか。江戸時代から人が住んでいるまちの中心部は、相対的に災害リスクが低いのです。まちの中心部にふたたび投資し、多くの人々がそこに住むことで、災害に強いまちとなります。

高橋――自治体には何ができるでしょうか？

田中――まずは「まちのかたち」の決定権を国に求めることが大前提です。そのうえで、住民に対しては、このままでは生活も経済も困難になるという「苦い現実」を共有し、理解してもらうことも必要です。これには痛みがともないます。災害リスクの高い土地を開発して利益を期待する人たちに、あきらめてもらうケースも出るでしょう。しかし、それをしなければ持続可能な「まちのかたち」にはなりません。北海道のニセコ町や下川町、長野県などでは議論が始まっています。

インフラは公営か民営かの二択ではない

高橋――自治体がインフラを維持できず、水道事業や図書館などを民営化する動きも出ています。これについてはどう思われますか？
田中——人口が急増した時代、インフラはいくら整備しても住民のニーズに追いつきませんでした。ところが、人口減少に転じても同じ発想でインフラ整備を続けてきたため、今度は利用者の減少と老朽化に悩まされています。その解決策として期待されているのが「民営化」です。「役所だから時代の変化に対応できなかった、民間企業ならば対応できるだろう」という発想です。でも、本当にそうでしょうか。

「赤字だから民営化しよう」という発想は「黒字に転じなければ廃止しよう」という発想と表裏一体です。けれども、生活を支えるインフラがなくなれば、そこで暮らすことはできなくなります。この問題は、時代が変化しても、人々の生活を支えるという視点から考えなければなりません。

実は、役所任せでもなく、民間企業任せでもない第三の方法があります。「公有化」という方法です。参考になるのが、ドイツのシュタットベルケ（都市公社）です。これは、エネルギーや交通、水道、公共施設など、住民生活を支えるインフラを総合的に管理する組織です。ドイツ全土に１４００社以上あります。このようなしくみが日本の都市にも必要です。
高橋——シュタットベルケが日本でも有効な理由は何でしょうか？
田中——１００年単位の長期にわたり、時代や人口の変化を受けてもインフラを維持するしくみである点です。長期的には、戦争や経済不況、感染症の拡がりや人口の増減など、さまざまなことが起こります。シュタットベルケは、それらが住民生活に及ぼす影響を最小限に抑えてきました。エネルギーや交通、水道など、インフラを個別に見れば、頑張って建設して赤字になる時期と、維持して料金収入を得る黒字の時期がそれぞれあります。それらを総合的に管理することで、黒字部門の利益で赤字部門を支えることができます。それで税金投入や料金上昇を最小限にして、住民の負担を抑えるのです。

加えて、シュタットベルケの興味深い点は、自治体、すなわち住民が所有しつつ、経営のプロが雇われて経営することです。経営方針は、自治体と経営者が協議して決まりますが、強いのは所有者である自治体です。経営方針から外れて利益追求に走ったら経営者はクビになります。住民ニーズを守る経営方針の枠内で、いかに上手に経営するか、それがプロ経営者の腕の見せどころなのです。

日本でもかつては第三セクターと呼ばれるシュタットベルケに似た方法が採られていましたが、役所からの天下り経営者と不透明な経営で行き詰まってしまいました。役所と企業の悪い特徴を組み合わせた組織だったため、大きな負債をかかえることになりました。これに代わって打ち出されたのが、民営化です。

民営化には、大きく二つの手法があります。ひとつは、黒字のインフラ部門を売却する方法です。赤字部門が抱き合わせで売られることもあります。もうひとつは、一定期間の運営権を売却する方法です。契約上はどちらもインフラの維持が条件になりますが、運営する民間企業としては、収益を最大化しようとするため、維持管理への投資を最小化し、料金を上げようとします。あるいは、サービスの質を低下させたり、働く人の待遇を低下させたりします。いずれの手法でも、長期的に見て住民のためにはなりません。

エッセンシャルな仕事を大切にする社会へ

高橋――コロナ禍では、医師や看護師、保健所の職員らの不足が明らかになりました。日本社会はなぜ、こうした部門の人員を減らしてきたのでしょうか?

田中――自治体は、国の求めもあって公共事業を90年代前後に大幅に拡大し、財政を悪化させました。「人口増加と経済成長をふたたび」という発想です。その結果、2000年代に入って財政再建に取り組まざるをえなくなり、公共サービスを縮小してきたのです。それは、これまで説明してきたインフラだけでなく保健福祉の部門にも及びました。とりわけ、赤字の病院や、危機に対応するスタッフなどが減らされてきました。なお病院の赤字が、多くの場合、過剰な病院建設費で生じているのは皮肉なことです。

建設工事と利益追求を重視し、生活を支えるスタッフへの投資を軽視してきたツケが、人口減少とコロナ禍で回ってきました。看護師や保育士、介護士、保健所スタッフなど、コロナ危機に対処する人々の賃金を安く抑えてきたため、医療や生活を支え切れないのです。医師や公務員などの総数が足りないというよりも、必要だけれども利益にならない部門に人が配置されず、不要不急だけれども利益になる部門に人がいるのです。たとえば医師であれば、地域医療に携わるよりも、大都市で美容外科に携わるほうが多額の収入を得られます。公務員でも、保健所への応援よりも、カジノ誘致など知事・市長の肝いりプロジェクトに職員が回されているケースがあります。

高橋——エッセンシャルワーカーが減らされてきたのはいつごろからですか？

田中——世界的に見ると、１９７０年代から始まりました。生活必需品の行きわたりやオイルショックに起因した経済の高度成長の終焉に対し、米国、イギリス、日本などの先進工業国は、公共部門の民営化と企業の自由を拡大する規制緩和によって、新たな成長市場を創出する経済政策を採用しました。いわゆる「新自由主義」[*1]です。

日本では、これに加えて土地開発による需要拡大策がとられました。民間主導の開発がバブル崩壊で止まると、行政主導の公共事業で継続します。財政悪化でそれが行き詰まると、今度は規制緩和と金融緩和を拡大しました。その裏で公共サービスが徐々に抑制され、格差が拡大し、社会の閉塞感が国内外を覆うようになりました。

高橋――その閉塞感の中で登場したＳＤＧｓのもつ意味は何でしょうか？

田中――ＳＤＧｓは新自由主義への反省から生まれました。新自由主義は、いわゆる発展途上国で先に強制され、その後、先進国に逆輸入されていきました。最初の事例は、米国の後ろ盾で誕生したチリのピノチェト軍事政権（１９７３〜90年）です。新自由主義の祖とされるシカゴ大学のミルトン・フリードマン教授がブレーンとなり、徹底的な新自由主義政策が展開されました。民営化と外国資本の流入により一時的な経済成長をみせた一方で、貧富の格差は極端に広がりました。

この政策手法が他の発展途上国に拡大しました。その名を「構造調整プログラム」あるいは「ワシントン・コンセンサス」といいます。ＩＭＦ（国際通貨基金）や世界銀行など、ワシントンの国際機関が計画を決定し、途上国に飲ませたからです。それを受け入れた独裁政権は存続を認められました。一方、見かけの経済統計は改善したとしても、人々の実質的な生活はより苦しくなりました。

この反省から生まれたのが、ＳＤＧｓの前身であるＭＤＧｓ（国連ミレニアム開発目標）です。しかし、途上国のみを対象にしたＭＤＧｓでは不十分でした。なぜならば、途上国の貧しさの核心は、先進国と途上国との関係性にあるからです。ＳＤＧｓでは、途上国の問題を解決するには、先進国の問題、先進国と途上国の関係を改善しなければならないと結論づけられました。人類史的に見ても画期的な合意です。

ＳＤＧｓの課題は、多数の国が合意するため、あいまいな表現になったことです。でも、総論賛成まで持ち込んだこと自体が、かつてないことなのです。ここからは、どう各論に落とし込み、実践していくかが問われています。挑むべき主体は政府や企業だけではありません。私たち一人ひとりの行動も問われるのです。なぜならば、私たちが日々使っている製品が、途上国の貧困を生む原因である可能性もあるからです。

現代のあらゆる社会問題は、複雑に絡みあったパズルのようなものです。部分最適をめざしても、別のところで大きな問題を生むかもしれません。ＳＤＧｓは、複雑な社会問題を着実に解決するための指針なのです。

＊１　新自由主義……国家による福祉・公共サービスの縮小と民営化、大幅な規制緩和、市場原理主義を特徴とする経済思想。

インタビューを終えて

「安全保障」というと、一般的には軍事的な話ばかりが強調される傾向がある。しかし、実際には、最新兵器がいくらあっても、それで守れる安全はそう多くはない。そのことをコロナ禍が証明している。田中さんには、都市計画やインフラ、医療体制といった、私たちの身近にある安全保障システムの背景に何があるかについて語ってもらった。地域の住民生活に欠かせないこうした公的サービスは売り物ではない。もちろん、いままで通りのやり方ではうまくいかないことも確かだ。ではどうするのか？　世界にはシュタットベルケのようにオルタナティブな実践例がいくつもある。それらを参考にして、人々が長期間にわたり安心して暮らせる基盤を整備することはできるはずだ。100年、200年単位で人々の暮らしや命を守るベースを維持していくことは、「誰一人取り残さない」をかかげるSDGsの実践でもある。変化を起こせるのは、政治家や大企業の社長ではなく、私たち一人ひとりの、既存の枠組みに縛られないクリエイティブな実践である。4章に登場した人々の挑戦が、それを教えてくれているように思う。

あとがき――できない理由よりできる方法を探す

１９９０年代後半から２０００年代にかけて、筆者は国際ＮＧＯの職員として、世界各地でスタディツアーのコーディネートや難民支援などに携わった。気候変動の影響で海岸線が上昇している太平洋の島々、ＨＩＶの広まるアフリカのスラム、占領下のパレスチナ難民キャンプ、そして東南アジアのヤシ油プランテーションなど、世界の歪みが凝縮されたようなさまざまな現場を訪れ、そこに暮らす人々の生の声を聞いてきた。

人々が困難に直面していた原因は、その人たち自身がつくったわけではない。先進国や一部の富裕層が利益を独占したり、問題解決を先送りにするための巨大なシステムに巻き込まれていたからだ。それこそが「構造的暴力」である。その後、筆者は独立してフリージャーナリストとなったが、そこで出会った人たちのことを忘れたことはない。そして、２０１５年にＳＤＧｓが採択された。その中では、一時しのぎの援助ではなく、持続可能ではない世界のシステムを大転換しなければならないと記されていた。それこそが、筆者が訪れた現場でもっとも必要とされていたものだった。

ところが、採択から5年が経ったいまも、日本ではＳＤＧｓの本質が十分に理解されているとは言いがたい。認知度は上がったが、企業が自社の商品を宣伝する材料として利用しているようなケースが目立っている。それが本書をまとめる動機となった。本書では日本国内に焦点を当てているため、上にあげたような世界の現場の声を入れてはいない。しかし、持続可能性とはどのようなものか、ＳＤＧｓ達成のためにどのような実践が求められるかについて、国際的な観点からも重要とされるポイントは押さえたつもりだ。

本書で見てきたように、日本は本質的な変化が起こりにくい社会だ。それでも、長い目で見れば日本でも、ゆっくりとだが確かな変化は起きている。エネルギーの分野では再エネの躍進がある。10年前の日本の経済界では、再エネは頼りにならない電源として扱われ、「おもちゃ」だと笑われていた。ところが、いまや経産省や経団連の幹部でさえ「再エネの主力電源化」を謳う（謳わざるをえない）時代となった。いまでは「再エネはおもちゃ」と言う人がいれば、その人が笑われてしまう。背景には、欧米のスタンダードに合わせざるをえないという消極的な理由もあるが、より重要なことは、この流れが決して逆戻りしないことだ。

パワハラやセクハラについての認識も変わった。ひと昔前なら、どこの企業でも当然のように横行していた行為が、重大な人権問題として扱われるようになった。まだ不十分とはいえ、ジェンダー平等や、ＬＧＢＴＱなどセクシャルマイノリティをめぐる差別についても、多くの組織が真剣に向きあうべきことと認識されるようになってきている。

災害対策も、まだ目に見えて変化したわけではないが、本文でも指摘した避難所の環境改善などは、国や自治体が中心となって抜本的な見直しの必要性が議論されはじめた。貧困については、２００９年に民主党政権が誕生するまで、そもそも日本に貧困があること自体を政府が認めてこなかった。民主党政権そのものには多数の問題点があったものの、政権交代により、それまでのあり方が見直されたことは意義があったのではないだろうか。

これらの変化は、ただ待っていて自然に起きたことではない。現状をおかしいと感じた一人ひとりが勇気を振り絞って声を上げ、行動を起こしたことで議論が始まり、改善や次の一歩につながっている。ＳＤＧｓ達成のためには、そうした声を、政治家や大企業の経営者にも届くように、さらに大きく、はっきり聞こえるようにしていかなければならない。

とくに気候変動や海洋プラスチック、生物多様性の減少といった環境問題については、一刻の猶予もない。日本社会では「普及・啓発」が好まれるが、それだけではまったく間に合わない。具体的にしくみを変えていく実践がより大切になる。本書で紹介させてもらった国内外の実践事例を、その向きあい方の参考にしてほしい。

白馬村では、高校生たちが主体となって教室の断熱改修を行った（2020年9月）

本書執筆中の2020年9月、嬉しい知らせをもらった。長野県白馬村の高校生たちがリーダーシップをとり、自分たちが学ぶ高校の教室を断熱改修するプロジェクトが実施されたのだ。寒さの改善やエネルギー浪費の解消を求めて教室の断熱改修をする動きについては4章でとりあげたが、生徒たちが主催し学校や地域の人々、自治体を動かした例は全国でも例がない。

きっかけのひとつは、筆者が白馬村を訪れ気候変動をテーマに講演を行った際、地元の高校生から「学校が寒いからなんとかしたいです」と相談されたことだった。そこで、学校断熱の取り組みがあることを紹介し、断熱に詳しい建築家の名前を伝えた。筆者はたんにヒントを提供しただけだが、生徒たちの行動は早かった。その後、長野市にその建築家が訪れていることを知ると自転車で数時間かけて会いに行き、協力を取りつけた。資金も高校生たちがクラウドファンディングなどで集め、大人たちは生徒の願いを叶えようと積極的に協力し、実現にこぎつけた。

白馬村の高校生や、彼らを支える大人たちの取り組みを見てあらためて思ったことは、できない理由を探すのではなく、どうしたらできるかを一緒に考える姿勢がいかに大事かということだった。世の中には、できない理由を探すだけの大人がきわめて多い。でも、この国は、現状を見て見ぬ振りをしてきたことで、どうしようもないほど行き詰まっている。だから新しい発想で、具体的な実践をしていかなければならない。古い慣習や前例、狭い組織内での力関係に縛られて「どうせできないよ」とあきらめるのではなく、前向きにやれる方法を探す人が増えていけば、それがかならず日本社会の突破力を高めることになる。

筆者も口先だけの人間にならないよう、日々取り組んでいるつもりだが、この本でもささやかなチャレンジをさせてもらった。本書の用紙を、ＦＳＣ認証紙（3章に登場）で印刷したいとリクエストした。いくつもの製本部材で異なる材質の紙が使われていることや、印刷・製本などすべての工程を認証を得た工場で行う必要があることなどから、書籍でのＦＳＣ認証紙の利用はまだ一般的ではなく、思った以上にさまざまなハードルがあった。そこで、本書の取材を通じて知り合った大川印刷に相談し、ＦＳＣ認証紙での印刷を快諾いただいた。実現してくれた大月書店と大川印刷には多大なる感謝をしたい。こうした小さな一歩の積み重ねが、世の中でＦＳＣ認証紙の流通を当たり前にしていくはずだ。

すべての人が、それぞれの立場で、できる限りのことをする。昨日までとは違う実践をし続ける。その連なりが明日の景色を変えていく力になる。今後も、本書に登場した人々と連携をしながら、ＳＤＧｓの実践者の一人でありたいと思う。皆さんもその仲間に加わってもらえれば幸いだ。


本書の執筆にあたっては多数の個人・団体のご協力をいただいた。本文中にお名前が登場する方たちはもちろん、お名前は出せなかったが取材などで協力いただいた方が大勢いる。感謝を込めて、お名前もしくは団体名のみ列挙させていただく。中野理さん、河口真理子さん、大橋正明さん、内田聖子さん、松下和夫さん、高田秀重さん、田崎智宏さん、安田陽さん、青枝奈々さん、市瀬慎太郎さん、田中健人さん、宮坂侑樹さん、早川由紀美さん、大崎麻子さん、薗田綾子さん、吉岡剛さん、真野秀太さん、林泉さん、根津安臣さん、本多結さん、長壁総一郎さん、長壁早也花さん、手塚慧介さん、藤川まゆみさん、浅輪剛博さん、群馬県みなかみ町役場、林野庁赤谷森林ふれあい推進センター、NPO法人フローレンス、北海道ニセコ町役場、日本サステナブル・ラベル協会、POW JAPANの皆さん。なお茅野恒秀さんには、みなかみ町の取材をコーディネートしていただいた。

また、以下の友人たちには情報提供やアドバイスなどの形でサポートしてもらった。いつもありがとう。メリ・ジョイスさん、宮崎亮さん、吉川迪さん、グティエレス一郎さん、小林深吾さん、辛嶋友香里さん、野平晋作さん、岡田絢さん、ルイース・ソレンセンさん、金田真聡さん。

なお、複数回にわたり長時間のインタビューを受けていただいたニールセン北村朋子さんと井田徹治さん、田中信一郎さんのお三方には、あらためて感謝をお伝えしたい。さらに田中信一郎さんと稲場雅紀さん（ＳＤＧｓ市民社会ネットワーク）のお二人には、構想段階からの相談に始まり、できた原稿にもアドバイスをしてもらうなど、ひとかたならぬご協力をいただいた。また、友人のイラストレーターであるちからさんには、原稿を読み込んだ上で、クリエイティブなアイデアが詰まった装画や挿絵を描いていただいた。

最後に、この二人がいなければ本書は誕生していなかった。まず大月書店編集部の岩下結さんは、企画の提案から始まり、粘り強く原稿の完成を待ってくれた。また、ＦＳＣ認証をはじめとする筆者の数々のリクエストにも、嫌な顔ひとつせず実現するよう奔走してくれた。そして、ＳＤＧｓのあまりの幅の広さに何度も心が折れそうになる筆者を叱咤激励しつつ、校正や調査などのサポートを快く引き受けてくれたパートナーの由美子には、最大限の感謝と花束を贈りたい。

２０２０年12月30日

コロナ禍で社会を支えるすべてのエッセンシャルワーカーへの感謝とともに

おすすめ書籍

◆筆者が取材した個人、団体の関連書籍

- 田中信一郎『政権交代が必要なのは、総理が嫌いだからじゃない――私たちが人口減少、経済成熟、気候変動に対応するために』(現代書館)
- 井田徹治『環境負債――次世代にこれ以上ツケを回さないために』(ちくまプリマー新書)
- 井田徹治『追いつめられる海』(岩波科学ライブラリー)
- 井田徹治『生物多様性とは何か』(岩波新書)
- ニールセン北村朋子『ロラン島のエコ・チャレンジ――デンマーク発、100%自然エネルギーの島』(野草社)
- 大崎麻子『エンパワーメント――働くミレニアル女子が身につけたい力』(経済界)
- 河口真理子『SDGsで「変わる経済」と「新たな暮らし」――2030年を笑顔で迎えるために』(生産性出版)
- 南博、稲場雅紀『SDGs――危機の時代の羅針盤』(岩波新書)
- 駒崎弘樹『「社会を変える」を仕事にする――社会起業家という生き方』(英治出版)
- 大西連『絶望しないための貧困学――ルポ 自己責任と向き合う支援の現場』(ポプラ新書)
- 東野唯史、東野華南子『ReBuild New Culture』(リビルディングセンタージャパン)
- 村上敦『キロワットアワー・イズ・マネー――エネルギー価値の創造で人口減少を生き抜く』(いしずえ新書)

◆筆者が執筆または編集協力した関連分野の書籍

- 高橋真樹『ご当地電力はじめました!』(岩波ジュニア新書)
- 高橋真樹『そこが知りたい電力自由化――自然エネルギーを選べるの?』(大月書店)
- 高橋真樹『ぼくの村は壁で囲まれた――パレスチナに生きる子どもたち』(現代書館)
- 高橋真樹『観光コースでないハワイ――「楽園」のもうひとつの姿』(高文研)
- 室井舞花『恋の相手は女の子』(岩波ジュニア新書)
- 川崎哲『核兵器はなくせる』(岩波ジュニア新書)
- 高橋和夫『最終決戦 トランプvs民主党――アメリカ大統領選撤退後も鍵を握るサンダース』(ワニブックスPLUS新書)

著者　高橋真樹（たかはし　まさき）

ノンフィクションライター，放送大学非常勤講師。国内外をめぐり持続可能性をテーマに取材・執筆を続ける。エネルギー関連の著作に『ご当地電力はじめました！』（岩波ジュニア新書），『親子でつくる自然エネルギー工作』全4巻（大月書店），『そこが知りたい電力自由化』（大月書店）など。『観光コースでないハワイ』（高文研），『イスラエル・パレスチナ　平和への架け橋』（高文研，平和・協同ジャーナリスト基金賞奨励賞），『ぼくの村は壁で囲まれた』（現代書館）など国際関係の著作も多数。映画『おだやかな革命』（監督：渡辺智史）のアドバイザーも務める。2017年からはドイツ仕様のエコハウスに暮らし，ブログ「高橋さんちのKOEDO低燃費生活」（http://koedo-home.com/）にて情報発信を行う。

カバー・本文イラスト　ちから（mokumoku studio）
装幀・本文デザイン　谷元将泰
DTP　編集工房一生社

日本のSDGs《エスディージーズ》　それってほんとにサステナブル？

2021年3月15日　第1刷発行
2021年8月31日　第4刷発行

定価はカバーに表示してあります

著　者　高　橋　真　樹
発行者　中　川　　　進

〒113-0033　東京都文京区本郷2-27-16
発行所　株式会社　大　月　書　店
印刷・製本　株式会社大川印刷
電話（代表）03-3813-4651　FAX 03-3813-4656　振替00130-7-16387
http://www.otsukishoten.co.jp/

ISBN978-4-272-33102-4　C0036　Printed in Japan